I0036158

THÈSE

LE DOCTORAT

UNIVERSITÉ DE FRANCE

FACULTÉ DE DROIT DE PARIS

DROIT ROMAIN

DE LA

PUISSANCE DU CHEF DE FAMILLE

DROIT FRANÇAIS

DE LA

LÉGITIMATION DES ENFANTS NATURELS

THÈSE POUR LE DOCTORAT

PRÉSENTÉE ET SOUTENUE

Le mercredi 13 juin 1888, à 1 heure

PAR

Paul DELEPIERRE

Président : M LEFEBVRE, *professeur*

Suffragants : { MM. Garsonnet, Michel Henry, { *Professeurs*
Planiol, *Agrégé*

La Candidat répondra, en outre, aux questions qui lui seront faites sur les autres matières
de l'enseignement

PARIS

IMPRIMERIE DES ÉCOLES

HENRI JOUVE

23, Rue Racine, 23

1888

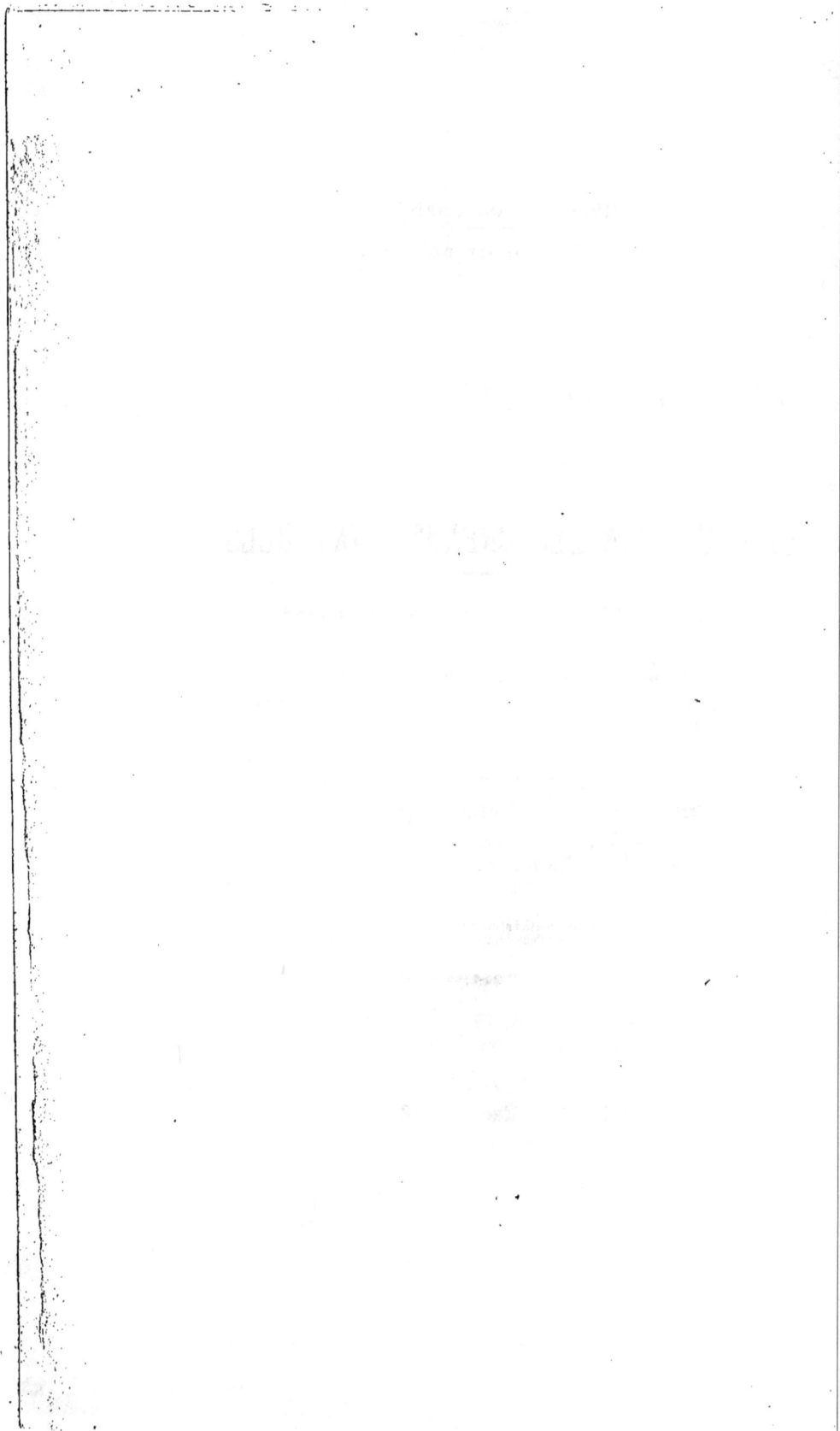

UNIVERSITÉ DE FRANCE

FACULTÉ DE DROIT DE PARIS

DROIT ROMAIN

DE LA

PUISSANCE DU CHEF DE FAMILLE

DROIT FRANÇAIS

DE LA

LÉGITIMATION DES ENFANTS NATURELS

THÈSE POUR LE DOCTORAT

PRÉSENTÉE ET SOUTENUE

Le mercredi 13 juin 1888, à 1 heure

PAR

PAUL DELEPIERRE

Président : M. LEFEBVRE, *professeur.*

Suffragants : { MM. GARSONNET, { *Professeurs*
MICHEL HENRY, {
PLANIOL, *Agrégé*

Le Candidat répondra, en outre, aux questions qui lui seront faites sur les autres matières de l'enseignement

PARIS
IMPRIMERIE DES ÉCOLES
HENRI JOUVE
23, Rue Racine, 23
1888

La Faculté n'entend donner aucune approbation ni improbation aux opinions émises
dans les thèses ; ces opinions doivent être
considérées comme propres à leurs auteurs.

DROIT ROMAIN

DE LA PUISSANCE DU CHEF DE FAMILLE

PROLÉGOMÈNES

Rome voulait conquérir le monde. Elle s'y prépara avec une sûreté de bon sens, et une énergie pratique qui lui donnèrent le succès. Elle s'appliqua, dès l'origine, à développer chez ses citoyens, ce principe d'autorité, qu'elle voulait étendre à son profit sur l'univers, et fonda la famille comme elle voulait, plus tard, fonder son empire.

Redoutant par dessus tout, cette faiblesse qui naît de la confusion des pouvoirs, elle mit aux mains des chefs de famille une omnipotence suprême, pour leur apprendre à leur demander une suprême déférence envers l'Etat. Elle savait que chez les peuples, le respect, comme le mépris, de l'autorité, sont choses contagieuses, et « que si le pouvoir vient d'en haut, la confiance et l'obéissance, doivent venir d'en bas (Sieyés). »

Elle environna donc le chef de famille de tout le respect qu'elle réclamait pour-elle même, et le fit tout puissant dans sa maison. Les fils de famille prenaient ainsi une merveilleuse discipline, et devenus plus tard *patres familiarum*, savaient commander pour avoir obéi. — Elle développait surtout l'amour et le respect du pouvoir, en donnant à chaque chef de famille, l'habitude d'une royauté absolue et vénérée. Ambitieuse d'une ambition insatiable, elle voulait que chaque citoyen la partageât et devînt capable de tout pour la satisfaire. Mais, jalouse de son autorité, elle ne laissait à cette ambition de chacun, d'autre but, que de concourir à la grandeur de tous.

Faisant de la soumission le premier devoir et du devoir, le premier honneur, exposant par l'autorité qu'elle lui confiait, chaque chef de famille à l'attention publique, elle forma ses citoyens pour être les maîtres du monde, car elle leur apprit, du même coup, à commander à tous et à eux-mêmes.

Aussi l'État qui avait constitué la famille, trouva, dans cette organisation, la raison de sa grandeur ; le père de famille, disposant de la volonté et des biens de tous les siens, les mit au service de l'Etat. La fortune de la République entretenait le respect de cette autorité, qui était la cause cachée, mais certaine de cette fortune. Le titre de citoyen Romain était un privilège précieux et envié : chacun respectait en soi cette portion de l'Etat « *sum civis Romanus.* » Et la gloire de la République ne pouvait augmenter, sans que chacun de ces fiers Romains, ne crût voir augmenter la sienne. Aussi, toutes les institutions politiques contribuaient à entretenir cet amour de la République, cette religion de l'autorité ; toutes les ins-

tutions domestiques, à conserver cette hiérarchie qui crée
les traditions de famille, et faisant la grandeur des mai-
sons, donne de grands citoyens à l'Etat. Et tous ces
citoyens, occupés au dehors à combattre, au dedans, à
commander ou obéir, n'avaient pas le temps d'être cor-
rompus.

Il fallait une telle organisation domestique pour soutenir un tel état, et l'entraînement de guerres, et de guerres
heureuses, pour maintenir une hiérarchie si forte. Rome
organisa sur le monde, un despotisme qui était organisé
chez elle et qui avait nom : le pouvoir paternel ; car la
famille Romaine reposait en entier sur la *patria potestas*,
et en recevait un caractère, qui reste unique dans l'histoire. Ce fut l'organisation domestique qui fit la force et
la durée du pouvoir politique. Commander, obéir étaient
l'ordinaire de la vie Romaine, et tout était absolu, le commandement comme l'obéissance : l'autorité sans bornes
du père, faisait la soumission incontestée du fils, et le
pouvoir paternel faisait ainsi de la famille, une école ou
les fils pratiquaient la plus rude discipline, et apprenaient
à l'exiger et à l'obtenir des autres.

PREMIERE PARTIE

La famille au premier âge du Droit

CHAPITRE PREMIER

RÔLE POLITIQUE DE LA FAMILLE

Quand on étudie la constitution politique du peuple Romain on est frappé de l'importance du rôle qu'y joue la famille. Elle était la base et le fondement de tout l'édifice social. Après la réunion des trois villes du Palatin, du Quirinal et du Cœlius, en une seule cité qui devint Rome, les citoyens de la nouvelle ville s'étaient divisés en trois tribus, ayant chacune à sa tête un tribun, cent sénateurs, un pontife et deux vestales. La tribu à son tour était une agrégation de curies; la curie une agrégation de « *gentes* » ; la gens, une agrégation de familles; la famille une agrégation de personnes. Dans cette organisation régnait la plus parfaite harmonie, tout n'était que rhythme et nombre : Trois tribus, trente curies, trois cents gentes, et probablement trois mille familles. Chacune de ces parties se groupait et se mouvait autour d'un chef, à la fois civil, politique et religieux, qui dans la cité la

représentait et parlait en son nom, et qui offrait ses sacrifices aux Dieux ; pour la curie, c'est le curion ; pour la
gens, c'est le décurion ; pour la famille, c'est le *pater familias.*

Mais il ne faut pas comprendre la famille Romaine,
comme nous la comprenons avec nos idées modernes.
Pour nous, la famille, c'est le mari, l'épouse, les enfants,
et dans un cercle, plus étendu, tous ceux qui de près ou
de loin sont unis par le sang, à Rome rien de semblable.
Sans doute, le plus souvent les enfants et la femme seront
le noyau de la famille, la parenté naturelle, la cognation
en sera le point d'appui, mais quelques fois aussi la
femme sera comme une étrangère dans la maison de son
mari, les enfants en seront rejetés, et au foyer domestique il n'y aura que des étrangers. Car ce qui constitue
la famille Romaine, ce n'est point la parenté, c'est la
puissance ; c'est un lien arbitraire forgé et rompu tour à
tour au caprice du chef : l'agnation. Tous ceux qui avec le
titre de fils, sont, ont été ou seront sous la même puissance,
sont agnats entre eux, et les agnats de l'auteur commun, fils légitimes, naturels ou adoptifs ; ceux là sont les
véritables parents, et jouissent des droits de tutelle et de
succession. Que par la mort du chef, la puissance soit
éteinte, ces divers membres, quoique devenus chefs de
famille, à leur tour, n'en continueront pas moins à être
agnats, et leurs prérogatives, subsisteront. Au contraire le
fils véritable émancipé par le père n'est plus son agnat
ni l'agnat de ses frères ; Il ne recueille pas leur héritage,
il est hors de la famille, il est entré dans une autre ou à
son tour il en a commencé une nouvelle.

Voilà l'agrégation civile par excellence, la famille essentiellement constituée au point de vue politique. Tout autour des agnats et sous la même puissance, vivent les prisonniers de guerre sauvés de la mort, les esclaves, leurs enfants esclaves comme eux, les débiteurs insolvables, *nexi* ou *addicti*, les hommes libres, pour la plupart fils de famille mancipés par leur chef entre les mains d'un autre, les affranchis, les étrangers, qui, pour vivre dans la cité, ont imploré la protection du citoyen, et sont devenus ses clients, les pauvres, citoyens qui ont accepté du riche quelques arpents de terres à titre précaire et sont devenus ses colons. Tout cela, c'est la maison, la *domus*: au centre de ce petit monde, dans sa demeure isolée (*insula*), près de la pierre du foyer (εστια), à côté du Dieu Lare, génie des anciens possesseurs, dieu des morts, se tient le chef de famille, possesseur actuel, presque Dieu pour tout ce qui l'entoure. Juge et pontife, seul il siège au tribunal domestique et de sa bouche tombent des arrêts sans appel; seul il offre les sacrifices et invoque les pénates et les dieux familiers, vers lui tout converge; tout lui obéit, tout lui appartient.

La famille ainsi constituée, n'est elle-même qu'une partie de la grande famille politique, de la « Gens », dont les membres sont les « Gentiles ». « Les Gentils, dit Cicéron, sont ceux qui ont le même nom commun entre eux; ce n'est pas assez: qui sont d'origine ingénue; ce n'est pas suffisant encore: dont aucun des aïeux n'a été réduit en servitude; maintenant il manque encore : qui n'ont pas été diminués de tête; ceci est assez sans doute. Je ne vois pas que le pontife Scœvola ait rien ajouté à cette définition (Cicéron, Topique 6.) ». La Gens est donc une communauté de plusieurs familles, une société politique de *patres familiarum*. Fondateurs et premiers citoyens de la cité, ils sont de race libre ; pères de famille, ils n'ont subi aucune diminution de tête. Ils portent tous le même nom : est-ce à dire qu'ils sont tous d'une même souche, qu'ils sont alliés ? Ici moins encore que pour la famille civile, les liens du sang n'ont dû être respectés : le nom commun sert à distinguer les divers gentes et leurs membres ; peut-être est-il donné à ses co-gentils par le père de famille le plus puissant et le plus influent, par le chef de la Gens. Chacune de ces familles politiques a des dieux et un culte particuliers : les *Nautius* étaient obligés envers Minerve (Denys 69. p. 393) ; les Fabius, envers Hercule ; les Horaces étaient tenus à l'expiation du meurtre d'une sœur (Tite Live I. 26). Les membres de la Gens étaient réciproquement tenus de se prêter assistance ; ils devaient contribuer à la rançon de ceux d'entre eux qui étaient tombés au pouvoir de l'ennemi, et même à l'acquittement des amendes encourues par l'un d'eux. En compensation de ces charges, ils héritaient les uns des autres à défaut d'Agnats. (Gaius III. 17). Aux comices les citoyens votent dans leur Gens ; la Gens n'a qu'une voix, c'est l'unité politique ; la majorité des Gentes forme la voix de la Curie, la majorité des Curies fait la loi Curiate.

Tel est au premier âge le rôle de la Gens dans la cité, de la famille dans la Gens, et du père dans la famille. Le chef, on peut le dire, est à lui seul la famille toute entière, car dans sa personne sont absorbées toutes les autres personnes ; les *patres familiarum* sont seuls les véritables membres des Gentes ; tout le reste n'y entre qu'à leur suite ; ils sont les vrais citoyens, les *patres*, les patriciens. Tout ce qui n'est pas eux, tout ce qui ne se confond pas en eux, tout ce qui par eux ne fait pas partie d'une famille ou d'une Gens, est hors la cité : C'est un étranger, un ennemi (*peregrinus, hostis*), et qu'on ne l'oublie pas : « *adversus hostem œterna auctoritas* (Cicér. *De officio.* L. I c. 12).

CHAPITRE II

Nous l'avons dit, le *Pater Familias* est le citoyen par excellence. Le droit de cité est donc la première source de la puissance ; or la cité elle-même n'est donnée qu'à l'homme libre : le père de famille doit donc être citoyen et libre. Ce n'est pas tout, car le fils, malgré sa sujétion, possède aussi la cité et la liberté : mais il subit la loi de son père, obéit à ses ordres, à son commandement, il est « *alieni juris* » en un mot : celui-là seul qui n'est soumis à personne, est maître de lui-même, ne suit que sa propre loi, qui est « *sui juris* », celui-là seul a la puissance, est chef de famille. En résumé le *pater familias* est l'homme libre, citoyen, *sui juris*.

Ce peut-être un enfant, car le titre n'implique nulle idée de paternité. Le sanguinolent, pour nous servir de l'expression Romaine, celui qui vient de naître est *pater familias* s'il naît indépendant « *patres familiarum sunt qui suæ potestatis sunt, sive puberes sive impuberes.* » Cependant, il n'a encore ni femme ni fils, mais peut-être il a une maison, des esclaves, des affranchis, des colons et des clients ; que tout cela lui manque, il a du moins la puissance et au premier jour, pourra l'exercer.

La liberté, la cité, l'indépendance font de l'homme un *pater familias*, la perte de l'un de ces trois attributs lui ravit du même coup son titre et sa puissance; on dit de lui alors, qu'il a subi la grande, la moyenne ou la petite diminution de tête.

« Il y a grande diminution de tête, lorsque l'on perd à la fois, la cité et la liberté » (Dig. VI, 4, Ulp.). C'est ce qui arrive à celui qui condamné aux mines, ou exposé aux bêtes, devient esclave de la peine, *servus pœnœ;* à celui qui pour ses méfaits, tombe en servitude; à celui qui est fait prisonnier de guerre. Il cesse d'avoir ses enfants en son pouvoir (Instit. 1, XVI, 1). Il n'a plus de famille, plus de maison; il n'est plus rien. Mais la loi accorde une faveur au citoyen pris par les ennemis : jusqu'à sa mort ou son retour, son état est en suspens; s'il revient, s'il parvient à franchir la frontière (*post limes*), il jouit du *postliminium;* il recouvre tous ses droits, tous ses biens, ou plutôt il est censé ne les avoir jamais perdus; il n'a jamais cessé d'être *pater familias*.

« Il y a moyenne diminution de tête lorsqu'on perd la cité, en conservant la liberté, ce qui arrive à celui à qui l'on interdit l'eau et le feu ou que l'on déporte dans une île. » (Instit. I, XVI, 2). L'interdiction de l'eau et du feu était l'antique formule du bannissement perpétuel, par laquelle on forçait un citoyen à s'expatrier lui-même, en le privant de toutes les choses nécessaires à la vie. Ceci venait de ce que personne ne pouvait perdre le droit de cité, sans consentir à cette perte; aux condamnés eux-mêmes, on était obligé d'interdire l'eau et le feu. Peu à

peu la déportation remplaça cette peine ; elle en différait
en ce que le condamné était enfermé dans un lieu déterminé, d'où il ne pouvait sortir sans se rendre passible du
dernier supplice. Les interdits et les déportés, en perdant la cité, perdaient nécessairement les droits de
famille, puisque ces droits étaient inhérents à la qualité
de citoyens, mais les premiers restaient libres et devenaient étrangers.

Enfin, le père de famille qui abjure son indépendance,
qui se donne en adrogation à un autre chef, conserve sans
doute sa liberté et sa qualité de citoyen, mais il perd son
titre de *pater*. Il passe sous la puissance d'un autre avec
tous ses biens et avec toutes les personnes qui lui sont
soumises, sa maison se confond avec celle de l'adrogeant ;
il n'est plus inscrit sur le Cens comme père de famille,
mais seulement comme fils ; il délaisse ses dieux domestiques, pour participer aux choses sacrées de ses nouveaux
agnats. C'était, on le voit, des changements importants
auxquels la cité et la religion, étaient intéressées et qui
nécessitaient le consentement du peuple et l'approbation
des pontifes. : il fallait une loi *curiate*, l'*auctoritas populi*.
On demandait dans les comices à l'adrogeant, s'il voulait
prendre un tel pour son fils légitime, à l'adrogé s'il voulait
le devenir, aux pontifes si les dieux n'étaient pas contraires, au peuple s'il l'ordonnait : si toutes ces conditions
étaient réunies, l'adrogation avait lieu.

La mort mettait également fin à la puissance paternelle ; les condamnations capitales produisaient leur
effet, avant leur mise à exécution, par le seul effet de la
sentence. Le condamné devenant esclave de la pei-

ne, perdait sur le champ, la liberté, la cité et la famille.

Telles étaient les qualités essentielles et constitutives du titre de *pater familias*, et les principales circonstances qui le faisaient disparaître.

« *Simile modo matres familiarum* » ajoute le texte d'Ulpien cité plus haut. Ainsi la femme, nubile ou impubère, qui n'est sous la main de personne, qui est *sui juris* est *mater familias*. Mais c'est là un titre purement honorifique, jamais elle n'a sur ses enfants, la puissance paternelle réservée aux hommes seuls; la famille dont elle est le chef commence et finit en elle: « *Mulier autem familiæ suæ et caput et finis est* » (Ulp. Dig., 50, 16, 195, § 15).

Tout ce qu'elle peut avoir, c'est une maison, une *domus*, des esclaves et des affranchis; encore ne peut-elle administrer cette *domus* comme elle l'entend, car elle est soumise à une surveillance perpétuelle. En mourant, son *pater familias*, ou son mari, si elle avait été *in manu*, lui nomment un tuteur pour la diriger quand ils ne seront plus là, ou bien ce sont ses agnats qui la prennent en tutelle. Les anciens romains avaient voulu que les femmes fussent soumises à une tutelle perpétuelle : « *Veteres voluerunt feminas, etiamsi perfectæ ætatis sint, propter animi levitatem, in tutela esse,* » (Gaïus I, § 144) : « A cause de la légèreté de leur esprit et pour parler, le langage de Tite-Live et d'Ulpien, à cause de la faiblesse de leur sexe et de leur ignorance des choses publiques : « *Propter sexus infirmitatem et propter forensium rerum ignorantiam.* » A la mort du tuteur, un autre le remplace. C'est un simple changement, mais si la femme perd la liberté ou la cité, si elle devient *alieni juris*, la tutelle finit nécessairement, parce que devenue esclave, étrangère ou passée dans une autre famille, elle n'est plus *mater familias*. Seules, les vestales étaient libres de toute autorité, « les anciens, dit Gaïus, l'avaient voulu en l'honneur du sacerdoce, et la loi des Douze-Tables l'avait ordonné » (Gaïus I, 145).

Nous voici arrivés au point où il nous faut entrer dans l'examen approfondi de la puissance du chef de famille, et l'étudier sous toutes ses faces. Nous avons tracé un tableau général de la famille et de la maison. Sous l'autorité du chef, nous avons vu la femme, les enfants, les esclaves. Nous allons les prendre successivement les uns après les autres et étudier quelle était la puissance sur chacun d'eux ; nous examinerons également quels étaient les rapports qui pouvaient exister entre le patron, les affranchis, les clients et les colons. Nous aurons ainsi tracé un tableau fidèle de l'organisation de la famille romaine ; car tous les traits qui la caractérisent découlent d'une même source, de la *patria potestas :* « La puissance paternelle, a-t-on dit, était l'élément accidentel et artificiel, que le premier législateur de Rome avait ajouté à l'organisation naturelle de la famille pour l'adapter à ses vues politiques, et la faire servir au maintien de la constitution de la république, telle qu'il l'avait conçue. »

CHAPITRE III

DE LA PUISSANCE PATERNELLE

La source première de la puissance du chef de famille et la plus importante de toutes, c'est le mariage : « Celui qui naît de toi et de ton épouse, disent les Institutes, est en ta puissance ; comme aussi celui qui naît de ton fils et de son épouse, c'est-à-dire ton petit-fils ou ta petite-fille ; de même ton arrière-petit-fils, ton arrière-petite-fille, et ainsi des autres. Pour l'enfant issu de ta fille, il n'est pas sous ta puissance, mais sous celle de son père, ou du père de son père » (*Instit.* I, IX, 3). Ainsi au pouvoir du chef de famille, se trouvent d'abord tous ses enfants au premier degré. Se marient-ils, le mariage ne les affranchit pas ; s'il leur vient des enfants, ils ne prennent pas sur eux la puissance paternelle, mais tous, fils, petits-fils, arrières-petits-fils, sont ensemble soumis au même chef, et vieillissent sous son pouvoir ; en un mot tous les mâles accroissent la famille. Quant aux filles en se mariant, elles ne sortaient pas toujours, il est vrai, de leur famille paternelle, mais jamais elles n'y faisaient entrer d'enfants. Ceux-ci appartenaient à leur père ou au chef de leur père, et non à leur aïeul maternel ; jamais l'agnation ne liait les descendants par les femmes : ils étaient toujours de simples cognats.

Tels étaient les effets du mariage, non du mariage ordinaire, de droit des gens, de cette union de l'homme et
de la femme entraînant l'obligation de vivre dans une
communauté indivisible, selon les expressions des Institutes, mais du seul véritable mariage à Rome, du mariage
des citoyens, des justes noces. Celui-là seul produit la
puissance. « *In potestate nostra sunt, liberi nostri quos ex
justis nuptiis procreavimus* » (*Instit.* 1, IX, princ.). Il y a
justes noces si les contractants ont entre eux le *connubium;* si le mari est pubère, la femme nubile; si l'un et
l'autre, étant *sui juris* manifestent leur volonté; et enfin,
si les parents consentent, lorsqu'il s'agit d'enfants en
puissance. Ainsi trois conditions essentielles du mariage :
puberté, consentement, *connubium.*

La puberté est l'état physique où l'homme, par le développement de son corps, devient capable de s'unir à la
femme ; ou la femme, pour parler l'énergique langage
du droit romain, devient *viripotens.* C'est l'instant où le
mariage est rendu possible par la nature ; à l'origine, la
loi ne le fixe pas, le père est libre : il marie ses enfants,
lorsqu'il les juge suffisamment développés. Plus tard on
en détermina légalement l'époque ; les femmes l'attei-
gnirent à douze ans, les hommes à quatorze ; avant cet
âge, l'union contractée n'était pas légitime et ne le devenait qu'au moment ou la puberté était arrivée.

Sans consentement, pas de mariage : si les époux sont,
l'un *pater,* l'autre *mater familias,* leur consentement seul
suffit, sinon il leur faut celui de leur chefs respectifs ;
mais le leur n'en est pas moins exigé et même il doit être
libre ; car le pouvoir du chef de famille ne s'étendait pas

jusqu'à contraindre à se marier ceux qui lui étaient soumis : « *Non cogitur filiusfamilias uxorem ducere.* » C'est là, sans doute, une disposition des lois Julia et Papia Poppœa, mais qui n'était que la confirmation d'antiques usages. Peut-être cependant le père put-il à l'origine, choisir l'époux de sa fille, sans la consulter?

Enfin, il n'y a justes noces que si les époux ont l'un et l'autre le *connubium*, c'est-à-dire la faculté de se marier ensemble. Le *connubium* est un des éléments constitutifs du droit de cité antique ; il n'est pas particulier à Rome ; c'est une institution générale, commune aux peuplades latines et aux villes grecques ; du *connubium* dépend la légitimité du mariage avec les étrangers (Niebuhr, *Hist. rom.*, t. I, p. 317, 318 et suiv., trad. de M. de Galbéry). Souvent les villes se l'accordent entre elles par des traités. Rome, dans le principe, n'a pas le *connubium*, avec Quirium, ville des Sabins; Romulus veut l'obtenir, sur un refus il fait enlever les femmes. Plus tard les trois villes se fondent en une même cité ; les habitants ont les uns à l'égard des autres le *commercium*, la *factio testamenti*, le *connubium*. Ces premiers citoyens, ces patriciens accordent aux latins annexés, aux plébéiens les deux premiers droits, mais se réservent le dernier : ainsi, entre les deux ordres, pas de mariages possibles, rien que des unions passagères et illégitimes. Donc, entre le Romain, l'étranger, le latin, le plébéien, pas de *connubium*, partant pas de justes noces. Entre citoyens même, souvent le *connubium* n'existe pas, les agnats ne l'ont pas, et la parenté naturelle, la cognation est également un empêchement au mariage.

Lorsque ces trois conditions avaient été remplies, il y avait *justæ nuptiæ :* l'homme était *vir*, la femme *uxor :* celle-ci devenait l'associée de son mari « *socia rei humanæ atque divinæ domus.* » De cette conception du mariage il résulta que les Romains n'admirent jamais la polygamie.

En dehors des justes noces, tout commerce entre un homme et une femme est un *stuprum*. Le *stuprum* est le commerce contraire aux mœurs et aux lois : aux enfants qui en sont issus, on donne le nom générique de *spurii*, ils sont vulgairement conçus : *vulgo concepti, vulgo quæsiti;* en leur faveur, nulle présomption de paternité, ou plutôt leur conception est attribuée à tout le monde. Ce caractère était indélébile : le *spurius* n'avait pas de famille et rien ne pouvait le réhabiliter que son adoption, sa soumission volontaire à la puissance d'autrui.

Toutefois, il y avait à Rome, à cette époque, des mariages qui n'étaient ni de justes noces, ni des *stupra*, c'étaient les unions des patriciens et des plébéiens, unions mixtes qui furent l'origine du concubinat. L'enfant qui en naissait n'était point un *spurius :* mais il suivait la condition de sa mère, ne tombait pas en la puissance de son père et n'héritait pas de lui. Il en fut ainsi jusqu'à ce que la loi Canuleia vint établir le *connubium* entre les deux ordres, mais alors les unions avec les étrangères perpétuèrent le concubinat, qui ne reçut de règles et ne devint une institution du droit civil qu'au siècle d'Auguste.

Ainsi de ces trois sortes d'union, *stuprum*, concubinat, justes noces, ces dernières seules servent de fondement à la famille, sont le seul moyen légal et naturel d'arriver à la puissance paternelle, car seuls les *justi liberi*, les enfants légitimes sont les agnats de leur père. Mais à côté il existait un moyen dont les effets étaient, tout aussi remarquables, l'adoption, qui dès l'origine, eut pour but d'introduire une personne dans la famille et d'acquérir sur elle la puissance paternelle. « L'adopté sortait de sa famille naturelle, y perdait tous ses droits d'agnation et de succession, y devenait étranger aux dieux domestiques et aux choses sacrées ; mais il entrait dans la famille de l'adoptant, les droits d'agnation et de succession dans cette famille lui étaient acquis, les dieux lares et les choses sacrées lui devenaient communs. ». (Ortolan, *Instit.*, T. I, p. 216, 5e édit.) Il prenait le nom de l'adoptant en l'ajoutant à celui de son ancienne famille ; aussi Cicéron disait-il que l'adoption entraînait le droit de succéder au nom, aux biens et aux dieux domestiques.

C'était donc un acte auquel la cité se trouvait intéressée ; c'était un acte public essentiellement lié à l'ordre politique, car il causait de grandes altérations dans les familles, et c'est ce que des constitutions aristocratiques comme celles de Rome permettaient difficilement. Il fallait que l'Association y concourût, ou tout au moins qu'elle y consentît. Nous l'avons vu pour l'adrogation, cette adoption d'un *pater familias* par un autre chef de famille, sanctionnée par l'approbation des pontifes et la volonté du peuple. L'adoption, proprement dite, celle du fils n'exige pas tout ce concours : Toutefois la cité intervient par l'autorité du magistrat. Comme le but était de

ransférer la puissance paternelle d'une personne à une
.utre, les formes durent être propres d'un côté à l'ex-
inction, de l'autre à la cession de cette puissance. La
ancipatio, répétée trois fois pour un fils mâle au premier
.egré, détruisait le pouvoir de l'ancien chef et le nouveau
acquérait par la *cessio in jure*. C'était la représentation
.ctive d'un procès. La personne qui voulait adopter, ré-
lamait l'enfant comme sien par une *vendicatio* simulée
.evant le magistrat qui, le père ne contredisant pas cette
»rétention, déclarait que l'enfant appartenait au récla-
nant, soit en qualité de fils, soit comme petit-fils, soit
nême comme descendant au troisième degré (Aulu Gelle
i. 19).

Tous les enfants légitimes ou adoptifs se groupent
.utour du *pater familias* qui les gouverne avec une au-
prité absolue. Ce ne sont pas des personnes, mais des
hoses et des corps soumis à une juridiction souveraine,
e tribunal Domestique. « Il faut voir, dit Michelet, le
»ontife du droit siégeant à son foyer, parmi les « *images
majorum* », près de ses Dieux et Dieu lui-même. Il
.cande lentement la formule et rime impérieusement.
Comprimée par les basses voûtes de l'*atrium*, grave
omme l'inscription d'un tombeau; brève, rhythmique
omme un arrêt, cette voix sonne le bronze. Chaque
arole se fixe et tombe en médailles d'airain ; le monde
ıcliné ramasse comme au couronnement d'un. roi »
Michelet, *Orig. du droit Franc. Introd*, p. CVII).

Cette peinture, pour être poétique, n'en est pas moins
'une vérité frappante. A cette époque du Droit, le nom de
ère n'a rien de tendre, il n'éveille que des idées de pou-

voir despotique. Aux pieds du père, on apporte le nou-
veau-né, que l'on place tout nu à terre « semblable dit le
poète, au matelot jeté à la côte par le flot furieux ».
(Lucrèce. *De natura rerum.* L.V.) Si l'enfant est beau, il
sera relevé, mais s'il est monstrueux ou difforme, il sera
abandonné, exposé, jeté dans le Tibre ou livré aux flam-
mes. Devenu homme, vieillard même, il obéit aveugle-
ment; son père peut le faire battre de verges, le mettre
en prison, le reléguer à la campagne et le faire travailler
à la terre comme un esclave, enfin le tuer, et cela alors
même qu'il serait revêtu des premières charges de l'Etat,
lors même qu'il aurait rendu à la République les services les plus signalés. « Car le fils a beau grandir dans la
cité, il reste le même dans la famille; Tribun, Consul,
Dictateur, il pourra toujours être arraché par son père,
de la Chaise Curule ou de la tribune aux harangues,
ramené dans la maison et mis à mort aux pieds des lares
paternels. » (Michelet, *Hist. Rom*, T. I. p. 101) Denys
raconte que d'illustres personnages parlant à la Tribune
en faveur du peuple contre le Sénat, en descendirent sur
l'ordre de leurs pères, au moment où l'on applaudissait à
leurs discours. Comme ils traversaient le Forum, personne n'osa les arracher des mains de leur *pater familias*,
ni Consul, ni Tribun, pas même le peuple en faveur
duquel ils venaient de parler et qui, dans toute autre
occasion, ne connaissait aucune autorité égale à la sienne.
(Denys d'Halicar. II. 26. 27) Souvent le père se fait l'agent
de la vindicte publique. Ce fut en sa qualité de père et
non comme Consul que le premier Brutus condamne
ses fils à mort. Ce fut en vertu d'une sentence du Tribu-

nal Domestique qu'on exécuta le consul Spiritus Casius, comme auteur de la première loi agraire (Tite-Live, II.41).

Ainsi, le fils ne joue un rôle dans la cité, n'est une personne, que du consentement de son père : Dès que celui-ci parle, l'autre s'absorbe en lui et disparaît. Dans la famille, il n'est rien, il n'a pas de volonté ; c'est une sorte d'esclave avec le titre d'homme libre, une chose qui peut-être vendue pour son pesant d'airain. Il ne possède aucun bien : la terre qu'il cultive, les biens qu'il acquiert par son talent ou son industrie, les legs, les dons qu'il reçoit, ce qu'il acquiert par vente ou par stipulation, tout cela appartient à son père ; lui, n'a rien que la jouissance des biens, qu'on consent à lui laisser. N'ayant rien, il ne peut tester, il n'est même pas sûr de recueillir un jour l'héritage de ses ancêtres et il aura peut-être la douleur de voir cette fortune entière passer à des étrangers, sans avoir de recours contre un testament si barbare. « *Uti legassit super pecunia tutelave suœ rei, ita jus esto,* » dit la cinquième loi des Douze Tables ; la dernière volonté du *pater familias* est respectée comme une loi, ou plutôt est la loi elle-même. A sa mort, le père dispose en maître de ses biens et de la tutelle de ses enfants impubères ; mais testat ou intestat s'il meurt insolvable, son fils héritier sien et nécessaire, ne pouvant répudier sa succession, sera poursuivi par les créanciers et encourra l'ignominie qui attendait son auteur.

Telle était la puissance paternelle : celui qui par un crime, cherchait à s'y soustraire, était puni d'un horrible supplice . le parricide était enfermé dans un sac de cuir avec un chien, un coq, une vipère et un singe, puis jeté dans le Tibre.

Le fils échappait au pouvoir de son père par la mort, l'une des trois diminutions de tête, la vente, l'adoption et l'émancipation.

Tout ce que nous avons dit des diminutions de tête au sujet du *pater familias* s'applique aussi à ses enfants. En perdant la liberté et la cité ils sortaient de la famille ; mais, jouissant du *post liminium*, ils y rentraient, s'ils échappaient à l'ennemi. Pour eux, la petite diminution de tête n'avait pas cependant les mêmes effets que pour les pères ; car si elle les dérobait à la puissance de leur chef, c'était pour les soumettre au pouvoir d'un autre. Nous verrons plus tard ce qu'était le *mancipium* : Disons maintenant seulement que si l'acheteur de l'enfant venait à l'affranchir, il retombait sous l'ancienne puissance. Le père pouvait le vendre une seconde fois, affranchi de nouveau le revendre ; mais alors son pouvoir était usé, et si le nouvel acquéreur l'affranchissait encore, le fils devenait *sui juris*, libre désormais de toute puissance. « *Si pater filium ter venumduit, filius a patre liber esto.* » Toutefois il était à l'égard de son manumisseur dans la position d'un affranchi ; sur lui pesaient des droits de tutelle, s'il était impubère, et dans tous les cas, des droits de patronage et de succession. Aussi, lorsque ces mancipations devinrent fictives et symboliques, lorsqu'elles n'eurent plus d'autre but que l'extinction de la puissance paternelle, et qu'alors, elles se firent de suite et à la même personne, les pères voulurent retenir pour eux les avantages qu'assurait la qualité de manumisseur ; on ajouta à la formule

le la troisième mancipation, une clause de *fiducie*. Par
:e moyen, le père obligeait l'acheteur à lui restituer son
ils en toute propriété, et obtenant non pas la puissance
iaternelle, épuisée par les trois ventes successives, mais
e *mancipium*, il pouvait, par un affranchissement, deve-
iir le patron de son fils et acquérir sur lui les droits de
utelle et de succession. Quant aux filles et aux petits en-
ants, une seule mancipation suffisait pour les libérer de
a puissance paternelle; les jurisconsultes l'avaient ainsi
lécidé par application même de la loi des Douze-Tables,
[ui dans ses dispositions ne visait que le fils, que l'enfant
iu premier degré.

Enfin un dernier mode d'extinction de la puissance
iaternelle était l'adoption. En donnant au fils une nou-
elle famille et un nouveau chef, l'adoption rompait tous
:s liens qui l'unissaient à ses anciens agnats, et le ren-
ait étranger au *pater familias*, sous la puissance duquel
 avait jusqu'alors vécu, mais pour le placer « comme
ous le verrons plus tard » sous celle de l'adoptant.

CHAPITRE IV

Dans l'ancienne Rome, où la plus parfaite harmonie, présidait à l'organisation de la famille, il eut semblé contraire à l'ordre public de voir la femme étrangère à son mari et à ses enfants, hors de la nouvelle famille qu'elle avait créée, rester sous la puissance de son père et n'obéir qu'à lui. Aussi le mariage était-il le plus souvent accompagné de cérémonies, propres d'une part à éteindre le pouvoir du père, et de l'autre à le faire passer entre les mains de l'époux. Sinon, le temps suffisait à lui seul, pour produire cet effet : « autrefois dit Gaïus, les femmes tombaient sous la *manus* de trois manières : par la *confarreatio*, par la *coemptio*, par l'usage. »

La confarrétion était un mariage religieux accompagné de rites symboliques et d'actes superstitieux. Les auspices consultés, en présence de son père ou de son tuteur, de dix témoins, du grand Pontife flamine Dial, la jeune fille se plaçait une chaise près de son futur époux. Le prêtre de Jupiter lui prenait la main droite et la mettant dans celle de son fiancé, lui déclarait que désormais, femme elle entrerait dans les biens de son mari, et dans ses choses sacrées. Après ces paroles sacramentales, il offrait un sacrifice à *Juno Lucina*, et rompant un gâteau fait de fleur

de farine, d'eau et de sel, il en donnait à goûter aux deux
époux. C'était là l'offrande du *panis farreus*, la *confarre-
tio* « sorte d'agape dit M. Michelet, véritable communion
où l'homme et la femme comme frère et sœur, participaient ensemble aux dons de la nature » (Michelet. *Orig.
du dr. Fr.* Introduct. p XV) Ensuite venaient les cérémonies de la Tradition : précédée des statues de Jugatinus, de
Domiducus, de Domicius et de *Manturna,* divinités pro-
tectrices du mariage, la jeune épouse s'avançait vers la
demeure nuptiale. Arrivée sur le seuil, son mari l'arrêtait :
« qui est tu, » lui disait-il ? Ce à quoi elle répondait : « *Ubi
tu Gaïus ego Gaïa* » là ou tu seras Gaïus, je serais Gaïa.
Elle avait apporté un fuseau et une quenouille et elle entourait de bandelettes de laine la porte de son époux. Puis
on la soulevait et elle passait le seuil sans le toucher car
c'eût été profaner la Déesse de la virginité, Vesta, à laquelle
il était consacré. Enfin, on la faisait asseoir sur une
toison, et c'est ainsi qu'elle prenait possession de la maison conjugale.

Telle était l'union sacerdotale, avec ses cérémonies
longues et difficiles, qu'un coup de tonnerre, un présage
néfaste pouvaient rompre, et qu'alors il fallait recom-
mencer. Là on reconnaît l'élément théocratique, l'élément étrusque ; c'était le mariage des patriciens, qui le
regardaient comme un de leurs privilèges, et qui, seuls
initiés aux mystères de la religion, seuls augures, seuls
pontifes, surent toujours le garder contre les envahis-
sements et le défendre à quiconque n'était pas de leur
caste.

A côté de l'élément étrusque et théocratique, l'élément

sabin et guerrier : à côté du mariage sacerdotal, le mariage héroïque, le mariage par achat, la *coemptio*. A l'origine de toute civilisation, chez toutes les peuplades belliqueuses, la femme est enlevée ou vendue : « Nos ancêtres, dit Aristote, étaient d'une barbarie et d'une simplicité choquantes, les Grecs, pendant longtemps, n'ont marché qu'en armes et se vendaient leurs femmes » (Aristote, *Polit.*, 2, c. 5). Pour Homère, les vierges sont des αλφεσίβοιαι, des êtres qui rapportent des bœufs à leurs parents. Plus tard ces mœurs reparurent avec les Germains ; cette dot dont parle Tacite, ces bœufs, ce cheval bardé, ces armes, ces présents agréés par le père, ne sont en réalité que le prix d'achat, et ce n'est pas à la femme qu'ils sont offerts, mais à celui qui la tient, sous le *mund*, comme compensation de ce *mundium*, qui passe au mari. « Que celui qui prend femme, dit la loi des Saxons, donne aux parents trois cents *solidi*. » A Rome, la vente d'abord réelle, devint fictive et ne servit plus qu'à libérer la fille de la puissance de son *pater familias*, pour la mettre sous celle de son mari. Ici se représentent toutes les formes de la mancipation, la balance, le libripens et les cinq témoins. Seulement la femme consent, car pour les Romains, pas de consentement, pas de mariage ; ce consentement fut tout au moins exigé, le jour où la vente ne fut plus réelle ; auparavant il est probable qu'on ne demandait pas l'avis de la femme, qui était considérée comme une chose. « Femme, disait l'acheteur, veux-tu être ma mère de famille ? — Je le veux, répondait-elle ; puis interrogeant l'homme à son tour : Homme, veux-tu être mon père de famille ? —

Je le veux, répliquait le mari, qui prononçait alors une
formule solennelle, un peu différente de celle de lr vente,
ce qui explique que la femme ne se trouvait pas placée
« *in servili causâ* » comme le fils mancipé. Alors on séparait
les cheveux de la mariée avec le fer d'un javelot: puis
celle-ci allait vers la demeure conjugale portant trois as,
l'un à la main pour donner à l'époux, l'autre dans sa
chaussure pour les Dieux Lares; quant au troisième, elle
le déposait sur l'autel du premier carrefour pour acheter
l'entrée de la maison (Michelet, *Origines*, p. 21).

Il ne ne fallait pas moins que cette majesté du mariage
pour sauver l'épouse du mépris que ces soldats, faisaient
de la femme. Aussi faut-il se garder avec soin de nos
idées modernes pour comprendre le mariage Romain. Il
n'était jamais question d'égalité, entre la femme et son
mari, du moins de l'Egalité, telle que nous l'entendons.
A l'origine, où il est probable que tous les mariages produisaient la *manus*, la femme, sortie de la famille quant
à la puissance, rentrait, *loco filiœ*, sous une puissance
égale exercé par le mari. La faiblesse de l'une était presque entièrement au pouvoir de l'autre, mais si la femme
ne partageait pas l'autorité du mari, elle avait droit à
son respect et part à sa tendresse : elle travaillait à sa
fortune et se glorifiait de ses honneurs. l'Etat honorait
dans la femme, la mère et l'épouse des citoyens, le premier lien de la famille : « nulle part autant qu'à Rome,
dit Franz de Champagny (les Césars) la chose publique
n'accepta et ne glorifia la vertu féminine: nulle part la
femme ne fut plus citoyenne, plus associée aux dangers,
aux triomphes, aux intérêts, à la gloire commune..... Elle

tient le second rang dans la Cité. » Mais elle ne tient que
le second. Il n'y avait donc pas d'anarchie là ou il n'existait qu'un seul pouvoir, et la force principale de la femme
consistait dans son incontestable faiblesse, la femme prenait le titre de *Mater familias*, le mari respectait en elle la
mère de ses enfants : le premier devoir d'une épouse
était d'être mère et de donner des citoyens à l'état. Plus
tard et quand toutes les grandes Institutions déclinèrent,
on dut en faire son premier intérêt.

Mais tant qu'à Rome, il se trouva des citoyens jaloux de
faire souche et d'exercer l'autorité, le mariage n'eut
rien à craindre du Concubinat.

Le jour où la puissance paternelle vint à s'affaiblir et à
déchoir de son antique rigueur, mais aussi de sa splendeur
première, la dignité du mariage s'affaiblit. Cette *patria
potestas* qui s'étendait sur la femme en la traitant comme
l'égale des enfants de son mari, avait été rigoureuse, et
il s'était de bonne heure, répandu un mariage libre laissant la femme en dehors de la famille de son mari. Elle
conservait alors sa propre famille, et pouvait posséder une
fortune indépendante, dont elle conservait la libre disposition. L'autorité du *pater familias* resta d'abord assez
forte pour être respectée, sans le secours du droit. Mais
les richesses augmentant et avec elles la cupidité, l'influence de la femme grandit, et devint excessive. Chez ce
peuple extrême en toutes choses, la modération dans
le bien conduisit au vice : Il ne savait que changer
d'excès. D'extrêmement sujette, la femme devint outra-
geusement libre : l'antique matrone, en se faisant indépendante se fit corrompue. Elle en vint bientôt à rivaliser

avec les courtisanes, et le divorce aidant à les surpasser.

Si ces cérémonies n'avaient pas accompagné, les justes noces, la puissance maritale ne pouvait être acquise que par l'usage, c'est-à-dire, par la possession d'une année. Livrée, en quelque sorte, comme une chose mobilière, mais sans l'intervention d'un des modes légitimes d'acquisition, la femme entrait dans les biens de son mari, *in bonis*, et l'usucapion transformait l'*in bonis* en domaine quiritaire. Toutefois il fallait que la possession n'eût pas été interrompue et pour échapper à la *manus*, la femme n'avait chaque année qu'à s'éloigner pendant trois nuits, *usurpatum ire trinoctio* (Gaïus, 1, III).

Ainsi par la *confarreatio*, la *coemptio* ou l'*usus*, la femme tombait en la puissance de son mari, ou du *pater familias* de son mari, si celui-ci était lui-même en puissance. Si, lors de son mariage, elle était maîtresse d'elle-même, elle cessait de l'être et était absorbée avec tous ses biens et toute sa *domus*. Si, à ce moment, elle était *alieni juris*, elle sortait du pouvoir paternel de son père, quittait sa propre famille dans laquelle elle perdait tous ses droits d'agnation, et délaissait ses anciens Dieux domestiques; mais en tombant sous la puissance de son mari, elle devenait ainsi son agnat et l'agnate de ses propres enfants; elle participait au culte de sa nouvelle famille, y acquérait les droits de succession, en un mot, y prenait les droits et le rang d'une fille. En cette qualité, elle était soumise à la juridiction du tribunal domestique; toutefois son mari ne pouvait la vendre, comme il l'eût fait d'un fils, sous peine d'être dévoué aux Dieux infernaux (Niebuhr. *Hist.*

Rom., TI, p. 324) ; mais si commettant un adultère, elle violait la foi conjugale, si elle buvait du vin, si elle contrefaisait les clés confiées à sa garde, ou pour tout autre motif plus ou moins grave, son mari pouvait la mettre à mort impunément.

Cette puissance pouvait être éteinte ; sans qu'il y eut pour cela, dissolution du mariage. La *manus*, acquise par la *confarreatio* pouvait être détruite par la *diffarreatio*, cérémonie plus longue encore que la première et entourée de plus de difficultés, les pontifes ne se résolvant qu'avec peine à rompre le lien qu'ils avaient formé. Selon Plutarque, les actes de la *diffarreatio* étaient lugubres et effrayants, ils exprimaient l'indignation céleste et avaient pour but d'en conjurer les effets.

De même que pour faire disparaître un pouvoir donné par la religion, on employait des moyens religieux, de même on se servit de modes civils pour mettre fin à une puissance obtenue par la voie du droit commun. L'achat et l'usage, avaient mis la femme dans le domaine de son mari, elle en sortait par la mancipation. Souvent à cette vente symbolique, on ajoutait une clause de fiducie, afin que, rémancipée à son mari, puis affranchie par lui, la femme devint sa pupille et non celle de l'acheteur fictif ; c'est ce qu'on appelait la coemption fiduciaire (Gaïus, I, 114, 115).

Le divorce, en rompànt le mariage, détruisait par cela même la puissance maritale, et comme les modes précédents de dissolution, rendait la femme maîtresse d'elle-même, *sui juris*. Mais écrit dans la loi, le divorce ne fut pas à l'origine accepté par les mœurs, et l'on cite Carvilius Ruga, comme le premier qui se servit du *repudium*. Encore y fut-il contraint par les censeurs, sa femme étant stérile (vi^e siècle de Rome). Enfin la mort ou les diminutions de tête ou enlevaient la puissance, ou la transportaient en d'autres mains.

Ce fut seulement l'adoucissement des lois et la trop grande liberté, que plus tard on accorda aux femmes, qui furent cause du déréglement des mœurs. En même temps que la *manus*, commencèrent à disparaître la vieille famille romaine et son ordre admirable.

Nous connaissons la puissance du chef sur les membres de sa famille, enfants et femme; nous allons la voir s'exerçant sur les autres membres de sa maison : absolue sur les esclaves; plus ou moins tempérée sur diverses classes d'hommes libres : sur ceux qui *in mancipio* sont dans une condition presque semblable à celle des esclaves, sur les affranchis, sur les clients, sur les colons.

CHAPITRE V

Chez les anciens, l'esclavage était une institution du droit des gens. A l'origine, l'esclave n'était autre chose que le prisonnier de guerre, l'ennemi sur lequel on a mis la main, « *manu captus* », qu'on a sauvé de la mort « *servus, servatus* », et qui dès lors devient la propriété de celui qui lui a laissé la vie.

Puis la naissance fut à son tour une cause d'esclavage. On sait qu'en dehors des justes noces, tout enfant suivait la condition de la mère ; tous les enfants d'une femme esclave étaient esclaves comme elle ; ils appartenaient à son maître et nés de la maison, portaient le nom de *vernæ*.

Enfin, dans la cité même, l'homme libre, pouvait être réduit en servitude. Le droit civil frappait de l'esclavage comme d'une peine le voleur manifeste, le débiteur insolvable, et le citoyen, qui pour se soustraire à l'impôt ou au service militaire, négligeait de se faire inscrire sur les tables du cens (Dig. 49, 16, 4, 10).

Quelle que fût leur origine, quelles que fussent les causes de leur servitude, les esclaves étaient égaux entre eux et dans leur condition, il n'y avait nulle différence. Les uns étaient précepteurs, les autres intendants ; d'au-

es comédiens ; d'autres enfin soumis aux travaux les
is ru.les : Quelques-uns même donnés par le maître à
utres esclaves devaient les servir comme s'ils leur ap-
tenaient, et pour ce motif étaient nommés *vicarii*.
is toutes ces différences de fait, créées par le maître
paraissaient à son moindre caprice ; car tous pour lui
taient que des choses, son bien, sa propriété. Sur eux
avait droit de vie et de mort, il pouvait les battre de
ges et les mettre à la torture. Les fruits de leur tra-
l et de leur industrie, les don,sles legs qu'ils recevaient,
pécule qu'il leur laissait, étaient à lui ; instituer hé-
er un de ses esclaves, c'était l'instituer lui-même.
s que l'esclave n'était plus apte à rendre des ser-
es, on le vendait : « Que le père de famille, disait
on le censeur, vende les vieux chariots, les vieux fers,
sclave vieux, l'esclave malade et tout ce qui peut être
du. » Toutefois, les rigueurs étaient souvent adoucies ;
esclaves nés dans la famille, en faisaient en quelque
te partie. Au dire de Plutarque, la première femme de
Caton dont nous venons de citer les paroles, nourrissait
fils de son lait et donnait le sein aux enfants de ses
laves, afin que nourris du même lait, ils conçussent
r son fils, une bienveillance naturelle. Mais ces soins
me étaient dictés par l'intérêt qu'un propriétaire apte à la conservation de sa chose, et d'ailleurs les maî-
s eussent-ils joui de leur puissance avec modération,
on n'en saurait faire honneur à la législation de cette
que ; on ne trouve dans la loi, aucune parole de pitié
le commisération : tout y est envers l'esclave d'une ex-
ne barbarie. Dans la Société générale ils n'ont pas de

3

personne, dans l'ordre privé ils n'existent pas : « *Quod attinet ad jus civile, servi pro nullis habentur : servitutem fere mortalitati comparamus.* » (Dig. 50, 17, 32 et 209, Ulp.). Ils n'ont pas de famille, leur mariage est un accouplement, *contubernium*, une union d'un moment, et c'est une question de savoir si les enfants d'une femme esclave ne sont pas des fruits, comme les agneaux, les poulains, et, si en cette qualité ils ne doivent pas appartenir à l'usufruitier, plutôt qu'au nu-propriétaire.

La mort seule de l'esclave ou son affranchissement, mettaient fin à cette misérable condition, mais non la mort du maître ; car, partie intégrante de son hérédité, l'esclave passait avec elle entre les mains de celui qui en faisait adition. Cependant le testateur lui accordait parfois la liberté, quelquefois même l'instituait héritier ; mais loin que cette dernière disposition fût une faveur, elle n'était la plupart du temps qu'une lourde charge. Car si le maître était mort insolvable, l'esclave héritier nécessaire ne pouvait répudier l'hérédité, et, poursuivi jusque sur les biens qu'il pouvait acquérir dans la suite, et même sur sa personne, il assumait sur sa tête toute la honte et l'ignominie que l'insolvabilité aurait fait encourir au défunt.

Dans la maison, à côté des esclaves et dans une position analogue à la leur, « *servorum loco constituti* » (Gaïus I. 123), sous la même puissance, se trouvaient les hommes et les femmes libres « *in mancipio.* » Ce sont des débiteurs insolvables qui se donnent en paiement à leurs créanciers « *nexi*, » et qu'il importe surtout de ne pas confondre avec les « *addicti.* »

Le sort de ces derniers était beaucoup plus dur, car au
lieu de chercher à apaiser leur créancier en se livrant à
lui, ils s'étaient laissés traîner en justice et adjuger à leur
créancier, d'où leur nom d'*addicti*. Le texte même de la
loi des Douze Tables, est plus éloquent que tout commen-
taire : « Qu'on appelle le débiteur en justice. S'il n'y va,
prends des témoins, contrains-le. S'il diffère et veut
prendre la fuite, mets la main sur lui. Si l'âge ou la maladie l'empêchent de comparaître, fournis un cheval, mais
point de litière. Que le riche réponde pour le riche ; pour
le prolétaire qui voudra. La dette avouée, l'affaire jugée,
trente jours de délai. Puis qu'on mette la main sur lui,
qu'on le mène au juge. Le coucher du soleil ferme le tribunal. S'il ne satisfait au jugement, si personne ne répond pour lui, le créancier l'emmènera et l'attachera
avec des courroies ou avec des chaînes qui pèseront quinze
livres au plus ; moins de quinze livres, si le créancier le
veut. » (L. XII. Tab. 1, 2, 3,). Ainsi, le débiteur qui
avait été condamné, ou qui avait avoué sa dette devant
le magistrat, avait un délai de trente jours, pour chercher à s'acquitter ; ces trente jours étaient appelés « *justi*, »
parce qu'ils constituaient une sorte d'armistice légal, dans
la lutte engagée entre le créancier et le débiteur. Ce premier délai expiré, le créancier citait son débiteur devant
le magistrat et exerçait contre lui l'action « *judicati per
manus injectionem.* » Alors de deux choses l'une : ou le
débiteur payait ou trouvait un vindex qui consentait à se
charger de son affaire, et alors il était libéré envers son
créancier, qui n'avait plus de droit que contre le vindex,
ou au contraire, le débiteur ne pouvait ni payer, ni four-

nir de vindex, et alors le prêteur l'adjugeait (*addicebat*) au créancier, qui l'emmenait dans sa maison où il le tenait enchaîné. Le Débiteur est *addictus*, il n'est pas encore esclave, il est « *in servitute*, » mais de droit il est libre. « Que le prisonnier vive du sien, ajoute la loi des Douze Tables ; sinon, donnez-lui une livre de farine ou plus à votre volonté. S'il ne s'arrange point tenez-le dans les liens soixante jours ; cependant produisez-le en justice par trois jours de marché, et là, publiez à combien se monte sa dette. » A l'expiration du délai de soixante jours, si aucune caution ne se présente, l'*addictus* devient esclave de droit et est vendu au-delà du Tibre, ou bien : « Au troisième jour de marché, s'il y a plusieurs créanciers, qu'ils coupent le corps du débiteur. S'ils coupent plus ou moins, qu'ils n'en soient pas responsables. » Dans la suite, plusieurs lois étendirent l'action *judicati per manus injectionem* à des cas où il n'y avait pas eu condamnation et alors on agissait comme si la condamnation avait été prononcée. Tel fut le cas où le débiteur cautionné par un « *sponsor* » ne le payait pas dans le délai de six mois ; la loi Publilia donnait contre lui la « *manus injectio pro judicato.* »

Bien préférable était la condition du *nexus*, de celui qui avait mancipé au créancier sa propre personne, sa famille et ses biens, sous clause de fiducée, c'est-à-dire avec le pouvoir de se dégager s'il payait à l'échéance. Car tandis que l'*addictus*, quoique n'étant pas esclave de droit, est traité comme tel, et ne peut faire partie de l'armée qu'en cas de nécessité absolue, le *nexus*, bien qu'esclave de droit, jouit jusqu'à l'échéance de la liberté

de fait et peut-être appelé sous les drapeaux (Tite-Live.
II. 24). Toutefois par le fait de sa mancipation volontaire,
le *nexus* subissait la petite *deminutio capitis*, tandis que
l'*addictus* n'était pas *capite deminutus ;* le *nexus* entraînait avec lui sa famille et ses biens, l'*addictus* passait seul
en la puissance du maître. Le *nexus* libéré était presque
dans la position d'un affranchi (*quasi libertus*), à l'égard
du créancier qui en sa qualité de manumisseur, acquérait
sur lui les droits d'un patron, l'*addictus* restait complètement ingénu. Enfin, à défaut de paiement à l'époque
convenue, le créancier revendiquait le *nexus*, s'en faisait
adjuger la possession, et acquérant sur lui le domaine
quiritaire par l'usucapion, finissait par le détenir comme
un véritable esclave (Gaïus II. 204).

Sous le *mancipium* du maître, sont aussi les enfants vendus par leur père ou abandonnés par lui en réparation
du dommage qu'ils ont causé « *noxali causa* » dit Gaïus.
Dès lors, ils sont privés de l'exercice des droits politiques,
et par conséquent incapables de voter dans les assemblées
du peuple, de figurer comme juges ou témoins testamentaires. La privation des droits politiques existait du moins
presque certainement, au moment où la vente était réelle :
il en fut sans doute autrement, quand la vente devint
fictive. Quant à l'incapacité d'être témoin, elle résulte du
silence d'Ulpien, qui énumérant les cas ou ce fils peut être
témoin, omet celui où il se trouve *in mancipio*. Pas plus
que des esclaves, les fils *in mancipio* ne pouvaient être des
stipulateurs, et tout ce qu'ils acquièrent appartient à leur
maître. (Gaïus II, 144) bien que inférieure à celle du
fils demeuré sous la puissance paternelle, la position du

mancipé est plus favorable que celle du *servus*. Il n'est pas seul, isolé dans la société ; ses relations avec son ancienne famille ne sont pas entièrement rompues ; affranchi, il retombe sous la puissance de son père ; son mariage continue d'être légitime et légal. Toutefois les enfants qu'il procrée pendant la durée du *mancipium*, deviennent la propriété de son maître. Plus tard, le Droit changera : conçus dans l'intervalle des deux premières mancipations, les enfants viendront au pouvoir de leur aïeul, mais leur conception, coïncidant avec l'époque de la troisième vente, leur état reste en suspens jusqu'à l'affranchissement de leur père, qui alors prendra sur eux la puissance paternelle. Bien plus, le mancipé garde sa qualité d'homme libre ; vient-il à être affranchi, il n'en est pas moins ingénu, digne de porter l'anneau d'or, quoique son manumisseur obtienne sur lui les droits d'un patron.

Tel était le *mancipium*, qui de puissance d'abord effective, car l'acquéreur tenant l'enfant comme la représentation du prix qu'il avait versé, tâchait nécessairement d'en tirer tous les profits imaginables, devint bientôt une puissance purement nominale, dès que la vente cessa d'être réelle et ne servit plus qu'à éteindre le pouvoir du chef de famille. Alors ce fut un état mixte, un état de transition, où le fils était soumis à une autorité plus despotique que celle de son père, à une sorte d'esclavage pour renaître ensuite à la liberté. A partir d'un certain moment, toute mancipation fut suivie d'un affranchissement, sauf dans le cas d'abandon noxal, qui du reste disparut presque complétement à son tour.

Après avoir étudié les formes de la mancipation, nous

arrivons nécessairement à la manumission, commune
aux hommes libres et aux esclaves, et qui servait à
es soustraire les uns et les autres à la puissance Dominicale.

CHAPITRE VI

LES AFFRANCHIS. — LES STATU LIBERI

La main est le signe de la puissance ; sous la main sont les femmes, les hommes libres, les esclaves ; c'est de la main et par la main qu'ils sont délivrés, *emancipatio* pour les enfants, *manumissio* pour les hommes libres et les esclaves. « La *manumissio*, disent les Instituts, est le don de la liberté. Cette institution vient du Droit des Gens, car lorsque le Droit des Gens eut introduit la servitude, à la suite vint le bienfait de la *manumissio* » (Instit. I V, *princ.*). Les affranchis, *libertini* par rapport à la société, *liberti* par rapport à leurs patrons, sont ceux qui sont libérés par manumission d'une juste servitude, *ex justa servitute*. En effet, la première condition pour qu'un homme sorti de la servitude devînt affranchi, c'est que l'esclavage eût été réel et de droit. Ainsi, celui qui, pris en bas-âge par des pirates et vendu par eux, vient plus tard à connaître sa qualité d'homme libre, peut la faire judiciairement proclamer, en intentant la *causa liberalis* (Dig. 40, 12 et 13). Il le peut, quelque temps qu'ait duré son esclavage ; ses enfants, ses ascendants, ses autres parents même le peuvent malgré lui, et dans tous les cas il sera déclaré ingénu (Dig. 40, 14), même après l'affranchissement. Mais à partir du moment où son maître lui rend la liberté, il n'a que cinq ans pour réclamer son ingénuité (Dig. 40, 12, 2, § 1). C'est Justinien seulement qui rendit cette action perpétuelle.

L'esclave affranchi devenait citoyen romain. Dès lors, dit Ortolan, « trois parties étaient également intéressées à l'affranchissement : le maître qui perdait sa puissance, l'esclave qui changeait de condition, et la cité qui le recevait dans son sein comme un de ses membres. Ces trois parties devaient donc intervenir dans l'acte. Aussi la volonté seule du maître ne suffisait pas pour opérer l'affranchissement, la cité y concourait toujours : représentée par les censeurs, dans l'affranchissement par le cens; par le peuple lui-même réuni en comices, dans l'affranchissement par testament ; par le magistrat dans l'affranchissement par la vindicte. » (Ortolan. *Instit.*, I, p. 159). C'étaient là les trois modes primitifs, les modes solennels de manumission.

Lors du recensement, l'esclave qu'on voulait libérer, le maître qui renonçait à sa puissance comparaissaient devant le censeur, qui inscrivait l'esclave sur les Tables du cens, au nombre des citoyens romains.

Ou bien le maître et l'esclave se présentaient devant le magistrat, consul ou préteur, et alors commençait une présentation fictive de la *liberalis causa*. Un ami, jouant le rôle de demandeur (*adcertor libertatis*) tenant une baguette (*festuca vindicta*), image de la lance, symbole de la propriété, dans les procès en revendication, en touchait l'esclave et engageant pour lui un combat simulé, soutenait qu'il était libre et revendiquait sa liberté. Le maître ne contestait pas, et le magistrat prononçait une sentence déclarant l'homme qu'on lui présentait, libre d'après le droit des Quirites.

Ou bien, devant le peuple assemblé (*calatis comitiis*) devant l'armée rangée en bataille (*in procinctu*), le maître faisant son testament, léguait la liberté à ses esclaves et les comices ratifiant, sa volonté avait force de loi. Ici l'esclave n'intervenait pas comme dans les deux précédents modes d'affranchissement. De là, une différence essentielle : l'affranchissement par le cens, et par la vindicte, rendaient l'esclave libre sur le champ, tandis que par le testament au contraire, il n'acquérait qu'un droit éventuel à la liberté, droit soumis à la condition du décès du testateur, à l'institution d'un héritier, à l'adition de celui-ci à l'hérédité.

L'affranchissement pouvait être subordonné à l'accomplissement d'une condition, à l'échéance d'un terme (*sub conditione, a die*) mais jamais le don de la liberté ne pouvait être limité à une certaine durée (*ad diem*) (Dig. 40, 4, 33 et 34. Ulp.); L'esclave ainsi affranchi : « que Pamphile soit libre pendant dix ans, » l'eût été pour toujours. La raison en est dit M. Ortolan « que la qualité d'homme libre et de citoyen ne peut s'acquérir pour un moment et se perdre sans motif postérieur. »

Bientôt le testament Calatis comitiis disparut avec ses formes gênantes pour faire place à la vente de l'hérédité, au testament *per œs et libram*, qui au lieu de l'intervention du peuple, n'exigea plus que la présence de cinq témoins pubères et citoyens Romains. En même temps, s'introduisit l'usage des fidéicommis; on légua la liberté directement : « que mon esclave Stichus soit libre, » ou bien on s'en rapporta à la bonne foi de l'héritier, de l'*Emptor familiæ,* en lui disant : « Je vous prie d'affranchir mon esclave ; » on en arriva même à charger l'héritier, par fidéicommis de tirer de la servitude, des esclaves étrangers à la *familia.* Entre le premier mode et le deuxième, les différences étaient grandes. Le testateur ne pouvait donner la liberté directe qu'à son esclave, il peut léguer la liberté par fidéicommis à l'esclave d'autrui, que son héritier sera chargé d'acheter et d'affranchir.

Par la manumission directe, l'esclave était libre de plein droit, affranchi du défunt il portait le nom de *libertus orcinus,* son patron étant chez les morts (*ad orca*) et devait à la famille de ce dernier les devoirs qu'il eût rendus à celui-ci même. Par la manumission fideicommissaire, l'esclave au contraire ne devenait libre que du moment ou l'héritier ou la personne chargée du fidéicommis l'affranchissait, et c'était le manumisseur qui acquérait les droits du patron (Ulp. Reg. 2, 8). Du reste, à l'époque où nous sommes, ces dispositions confiées à la loyauté de l'héritier étaient sans nulle force juridique ; il en fut ainsi jusqu'au temps d'Auguste qui les sanctionna et créa, pour connaître des contestations qu'elles pourraient soulever, une juridiction extraordinaire, le *prætor fideicommissarius* (Ulp. Reg. 25, 12).

L'affranchi, bien que devenu citoyen Romain, par le fait de son affranchissement, était à jamais marqué d'un stigmate ineffaçable qui le séparait pour toujours de l'ingénu, de celui qui était libre depuis et par sa naissance. A Rome, les mœurs avaient fait des affranchis, une classe à part. Ils se livraient aux occupations dédaignées des ingénus, ils dirigeaient des commerces, tenaient boutique et exerçaient les métiers les plus divers : mais dans quelque position qu'ils fussent arrivés, ils étaient attachés à la maison de leur patron, prenaient son nom et après l'avoir servi comme esclaves devaient le servir comme affranchis.

Les lois aussi les avaient déshérités. Dans l'ordre politique, ils ne pouvaient aspirer à certaines dignités ; il leur était interdit de porter l'anneau d'or, marque distinctive des chevaliers et qui avait fini par devenir commun à tous les ingénus ; enfin ils n'avaient pas le connubium avec les ingénus. Dans l'ordre privé, la chose la plus caractéristique, c'est qu'en entrant dans les rangs de hommes libres, l'affranchi s'y trouvait seul, sans famille civile, de sorte que fatalement, les lois sur la tutelle, les successions lui étaient inapplicables, on finit par lui donner comme famille celle du patron, son père dans la liberté et dans la cité, qui lui donnait son nom et envers qui il avait à remplir tous les devoirs, dont la réunion formait pour celui-ci, ce qu'on appelait les Droits de patronage.

Ces droits de patronage étaient de trois sortes : *obsequia, operæ juratæ, jura in bonis.*

Par *obsequia*, on entendait ces marques de respect, de reconnaissance, de piété, que la loi imposait aux affranchis et que les patrons étaient en droit d'exiger. Pour l'ancien esclave, le patron est un père ; la loi assimile l'affranchi au fils de famille et leur fait à tous deux la même prescription : « *liberto et filio, semper honesta et sancta persona patris ac patroni videri debet.* » (Dig. 37, 15,)

Jlp.). Aussi l'affranchi ne peut appeler son patron en
ustice qu'avec la permission du magistrat ; il ne peut
amais intenter contre lui une action infamante, et lors-
ju'il l'a comme débiteur, il ne peut exiger de lui au-delà
le ses facultés, il doit lui laisser ce qui est indispensable
jour vivre. Si le patron tombe dans l'indigence, dit Paul
lans ses sentences, l'affranchi le doit nourrir. Enfin l'af-
ranchi qui se serait rendu coupable d'un attentat contre
son patron, qui l'aurait insulté ou frappé aurait été sévè-
'ement puni et même dans certains cas, condamné aux
mines : il redevenait esclave, mais seulement, ce qui était
plus terrible pour lui, *servus pœnœ* (Dig. 2, L, 4, Ulp.,
— Inst., 4, 6, 38. — Paul, *Sent.*, 11, XXXII).

Les droits les plus importants du patronage étaient
certainement les droits sur les biens, *jura in bonis*, ou
mieux les droits sur la succession des affranchis. Toutefois, à l'époque que nous étudions, ces droits ne devaient s'ouvrir que dans des cas assez limités, les
Institutes nous le disent. « Autrefois, l'affranchi pouvait
omettre son patron dans son testament ; car la loi des
Douze Tables n'appelait le patron à la succession de son
affranchi qu'autant que celui-ci était mort *intestat* et
sans héritier sien. Ainsi, lors même qu'il était mort
intestat, s'il avait laissé un héritier sien, le patron n'a-
vait aucun droit sur ses biens. » Et Justinien ajoute en
forme de critique : « A cela il n'y avait rien à reprendre
si cet héritier sien était un enfant naturel ; mais si c'était
un fils adoptif, il y avait injustice évidente à dépouiller le
patron de tout droit » (*Instit.*, III, VI, princ.).

Il résulte de ce texte que l'affranchi, comme tout

citoyen, était maître de disposer de ses biens, comme il l'entendait, qu'il pouvait par testament dépouiller tant ses héritiers siens que le patron et les enfants de celui-ci, qu'on pouvait dire de lui en un mot, ce qu'on disait de l'ingénu : « *Uti legassit super pecunia tutelare suœrei, ita jus esto.* »

Il en résulte encore que dans le cas de succession *ab intestat,* ceux qui arrivent les premiers sont les héritiers siens de l'affranchi, tant ses enfants issus de son mariage, que ses enfants adoptifs, que sa femme même s'il la possède *in manu* en qualité de fille. C'est à défaut de ces héritiers que la succession échoit au patron ou à ses enfants, se divisant à l'égard de ces derniers, comme celle des agnats, par têtes, et non par souches : *Ad liberos patronum hereditas defuncti pertinet, ut in capita non in stirpes dividatur* (Ulp. reg. 27, 4. — Paul, *Sentent.*, 3, 2, § 3). Car il faut remarquer que le patron et ses enfants sont pour l'affranchi, ce que sont les agnats pour les ingénus.

Quant à la succession de l'affranchie, elle tombait presque toujours entre les mains du patron ; car en sa qualité de femme, l'affranchie ne pouvait, d'une part, avoir d'héritiers siens, et de l'autre, placée sous la tutelle perpétuelle de son patron, elle ne pouvait tester, et conséquemment le dépouiller sans son autorisation.

Les derniers droits du patron, les *operœ juratœ*, étaient de bien moindre importance, quoique donnant encore la note de la subordination de l'affranchi à son ancien maître ; c'étaient certains services que ce dernier, au moment de l'affranchissement stipulait de son esclave, et

que celui-ci promettait sous la foi du serment. C'étaient
des services d'artisans, des services manuels, que le patron pouvait louer à un tiers et convertir ainsi en une
somme d'argent ; ou bien des services plus spécialement
dus au patron (*operæ officiales*) et dont celui-ci, pour
cette raison, ne pouvait transmettre la prestation à autrui.

A côté et comme corollaire du droit de succession, existait pour le patron, le droit de tutelle. La tutelle des affranchies, nous disent les Instilutes, appartenait de droit
aux patrons ou à leurs enfants. On la nommait tutelle
légitime, non parce qu'elle avait été établie d'une manière
expresse par la loi, mais parce qu'elle découlait forcément de son interprétation et qu'elle paraissait, pour ainsi
dire, introduite par le texte même. En effet, la loi ayant
donné dans certains cas, la succession des affranchis,
morts intestats, aux patrons et à leurs enfants, on en
avait conclu qu'elle voulait aussi leur donner la tutelle,
puisque les agnats, qu'elle appelle à l'hérédité, sont aussi
ceux qu'elle veut pour tuteurs, d'après ce principe que,
autant que possible, là ou va l'avantage de la succession,
là doit aller aussi la charge de la tutelle. Cependant dans
le cas où c'est une femme qui affranchit un de ses esclaves impubères, elle est appelée à l'hérédité et cependant c'est un autre qui prend la tutelle (Instit. I,
XVII).

De même était légitime, la tutelle que la loi conférait
au *manumissor* sur les enfants qu'il avait eus *in mancipio*.
Toutefois, lorsque les mancipations cessèrent d'être sé-
rieuses, et ne furent plus entre les mains de l'ascendant

qu'un moyen d'émancipation, comme il n'y avait là qu'u-
ne fiction en dehors des prévisions de la loi des Douze
Tables, la tutelle ne fut plus considérée comme légitime.
On l'appela fiduciaire, de la cause de fiducie qui accom-
pagnait toujours ces opérations fictives, soit pour obliger
l'acquéreur à affranchir lui-même le fils ou la femme qui
lui avaient été mancipés, soit pour l'obliger à les reman-
ciper au chef de famille, afin que ce fût celui-ci qui les
affranchît. Ainsi l'acquéreur fictif, qui affranchit l'impubère, n'en est que le tuteur fiduciaire (Ulp., Reg. II, 5.
Gaïus I. 166, 195). Mais si l'affranchissement, par suite
d'une rémancipation était fait par le père de famille, ce
dernier prenait le rang d'un tuteur légitime, car dit
Gaïus, en sa qualité de père, il ne doit pas lui être rendu
moins d'honneurs qu'aux patrons (Gaïus, I, 172, 175).

Tels sont les droits de patronage, droit au respect,
droit au travail, droit à l'hérédité de l'affranchi, et s'il
est impubère, droit à sa tutelle. Les uns sont fondés sur
la reconnaissance que le don de la liberté doit inspirer à
l'esclave, les autres sur cette idée que n'ayant pas encore
de famille civile, le nouvel homme libre en trouve en
quelque sorte une dans celle du patron qui lui sert de
père, et dont les enfants sont pour lui comme des agnats.
Mais la condition des affranchis n'était pas héréditaire, et
il n'était pas douteux que leurs descendants naissant libres
et ingénus, n'étaient plus liés à la famille du manumisseur que pour les simples devoirs de la clientèle; cependant les mœurs répugnèrent longtemps à leur donner le
Jus honorum.

Au milieu des affranchis ou plutôt des esclaves vivaient les *Statu liberi*. C'était des hommes libres par destination, qui devaient sortir de la servitude et dont la liberté se trouvait suspendue par un terme ou une condition (Dig. 40, 7, 1, Paul). Jusqu'à l'accomplissement de ces événements, ils ne différaient guère des autres esclaves ; le maître pouvait tirer d'eux tous les services ; il pouvait les vendre, les donner, les châtier. Les enfants de la femme *statu liberi* étaient esclaves. Mais quelques changements de positions qu'eût subi le *statu liber*, dans quelques mains qu'il eût passé et qu'il se trouvât par suite de vente, de donation ou de legs, son droit éventuel subsistait, et dès que le jour arrivait, dès que la condition s'accomplissait, il était libre. Dans la suite, quand les fidéicommis devinrent obligatoires, l'esclave affranchi de cette manière fut assimilé au *statu liber ;* avec cette différence toutefois qu'il ne pouvait être vendu par l'héritier, et qu'il avait, en cas de vente, une action pour se faire racheter, afin d'être affranchi par cet héritier même et non par un autre (Dig. 40, 5, 15, Modest.).

CHAPITRE VII

LES CLIENTS ET LES COLONS

Les clients et les colons complétaient la maison du père de famille romain. Au temps où la Commune commençait seulement à naître et où les membres des trois tribus primitives étaient les seuls vrais citoyens, les étrangers, qui voulaient vivre avec quelques droits dans la cité, se mettaient sous la protection de ces patriciens, et encore même, s'il faut en croire une vieille tradition rapportée par Denys d'Halicarnasse, les seuls Ramnès auraient eu à cette époque le privilège d'admettre des étrangers dans leur clientèle (Denys, II, 62).

Lorsque les étrangers n'exerçaient pas de profession ou n'avaient point encore acquis de propriété, les patrons leur assignaient une habitation et deux arpents sur leurs terres labourables, non en toute propriété, mais à titre précaire. Ils pouvaient tout leur retirer s'ils avaient à se plaindre d'eux (Niebuhr, *Hist. Rom.* T. II, p. 28). C'était les colons.

Clients et colons ne pouvaient sortir de leur condition : leurs devoirs et leurs droits passaient à leurs enfants, car la clientèle était héréditaire et se perpétuait de générations en générations. C'est ce qui fait que les descendants des affranchis, qui devenaient eux-mêmes des clients,

étaient tenus à toutes les obligations qui résultaient de
cette sorte de vasselage.

Toutes ces personnes portaient le nom de famille du
patron et le nom générique de la gens à laquelle il appartenait; toutes participaient à son culte, à celui de la gens;
toutes avaient le droit d'être ensevelies dans le tombeau
de famille.

Les devoirs généraux du client étaient de se montrer
affectionné et obéissant vis-à-vis de son patron, de soutenir son honneur, de payer ses amendes, de l'aider à
doter ses filles et à supporter dans l'intérêt public les
charges honorifiques. Il devait aussi contribuer à fournir
la rançon au cas où, soit le maître, soit l'un des siens,
était tombé au pouvoir de l'ennemi. Niebuhr va plus loin,
il accorde au patron un droit à l'hérédité de son client, si
ce dernier mourait sans héritiers, et c'est là même qu'il
voit l'origine de la succession des affranchis : « Ce droit,
dit-il, se conserva quant aux affranchis à l'égard des
quels, sans doute la puissance du patron était fondée sur les
prérogatives générales du patronat » (Niebuhr. II, 29). Ainsi
c'est comme patron plus encore que comme manumisseur,
c'est comme protecteur dans la cité, comme père que le
chef de famille a sur l'affranchi, sorte de client les droits
que nous lui connaissons. Sur ses clients, ses colons et
ses affranchis, il a droit de justice comme sur sa propre
famille. « Si Mœvius, dit encore Niebuhr, put faire mettre à mort l'affranchi qui avait manqué au respect qu'il
devait à sa maison, si l'on traita cette action de sévérité
juste et salutaire, nous on pourrions conclure que non
seulement le patron avait le droit d'infliger à son client

des peines plus légères dans les affaires qui le concernaient, mais encore qu'il connaissait des plaintes rendues par un voisin contre son affranchi » (Niebuhr, II, 29 et 30).

Toutefois, il faut soigneusement distinguer les affranchis des simples clients, c'est-à-dire des descendants d'affranchis et des étrangers admis dans la clientèle. Les affranchis étaient dans une dépendance plus complète du patron, qui n'avait aucun devoir à remplir à leur égard. Des devoirs réciproques, au contraire, liaient le patron et le client : ils ne pouvaient s'appeler en justice, témoigner ou voter l'un contre l'autre dans les tribunaux. Bien plus, certaines obligations envers le client étaient imposées au patron, et étaient pour lui plus sacrées que celles qui l'attachaient à ses propres parents (Aulu-Gelle, V, 13, XXII). Il devait au client sa protection et son secours, il devait le défendre en justice, l'instruire du droit civil et religieux, le patron qui manquait gravement à ses devoirs en maltraitant son client, était dévoué aux dieux infernaux : « *Patronus, si clienti fraudem fecerit, sacer esto* » (XII Tables. T. VIII). Cette disposition de la loi des Douze Tables ne se trouvait peut-être pas dans le Droit antérieur ; il est même probable que c'est une garantie nouvelle obtenue par la commune et destinée à mettre fin aux vexations des patriciens et à leur tyrannie sur les clients.

DEUXIEME PARTIE

La famille au second âge du droit

CHAPITRE PREMIER

APERÇU HISTORIQUE SUR LA LOI DES XII TABLES

Dès l'époque des Rois, un élément nouveau s'était introduit dans la cité : la commune ou la plèbe, formée d'abord par l'accession de clients, tant d'origine libre qu'affranchie, et dont l'obligation se trouvait éteinte, soit par un rachat, soit par l'extinction de la gens de leurs patrons. Mais, selon la judicieuse remarque de Niebuhr, si cette commune fut demeurée seule, elle se serait peu tirée de l'obscurité : ce qui lui donna la force, ce fut l'établissement d'un territoire composé de villes latines et d'où sortit ce que le même historien appelle la véritable, la noble, la grande plèbe (Niebuhr. *Hist. Rom.*, II, la Commune). Si ces villes étaient conservées, elles prenaient le titre de colonies; sinon, leurs habitants étaient amenés à Rome ; mais dans l'un et l'autre cas on leur accordait en partie les droits de cité.

Toutefois, jusqu'à Ancus Martius et Servius, ces nouveaux citoyens, plébéiens par opposition aux patriciens, citoyens primitifs, ne formèrent pas un ordre politique et vécurent dans une condition analogue à celle qui fut plus tard faite aux citoyens sans suffrage. Ancus, en leur assignant des demeures sur l'Aventin et en les groupant ainsi, leur permit de compter leurs forces et créa, en face de la ville des fondateurs, une nouvelle ville, la ville plébéienne. Servius mit la dernière main à leur organisation, en les répartissant en quatre tribus urbaines et vingt-six régions rurales. On peut remarquer ici, ce qui se passe chez tous les peuples ou la royauté se trouve en présence d'une aristocratie puissante : Les rois hâtèrent le développement de la commune, en lui accordant leurs faveurs, afin de s'en faire un appui contre les patriciens. C'est ce qui occasionna la Révolution de l'an 510, révolution toute aristocratique, faite aussi bien contre la plèbe que contre la royauté. Mais les nobles ne parvinrent pas à écraser la commune, qui par sa résistance, conserva les droits acquis, et, bientôt même, devint dominante par son accroissement prodigieux.

L'existence de la commune eut une remarquable influence sur le développement du droit civil ; tout d'abord elle en provoqua la codification et la publicité. Jusque là les plébéiens possédaient la liberté, la famille et les droits de cité, sauf le *connubium*, ils participaient au *jus civile*, mais la législation leur était inconnue. C'était un ensemble de règles, de coutumes non écrites que conservait la caste patricienne, les dérobant soigneusement au vulgaire pour les interpréter à son gré et à son profit. Sitôt après avoir été divisée en tribus, la plèbe arracha à ses antagonistes une loi unique, uniforme, commune aux deux ordres et la fit afficher au Forum sur douze tables d'airain.

L'unité dans la législation, la publicité du droit, tels ne furent pas les seuls avantages, que les plébéiens recueillirent de la promulgation des Douze Tables ; cette loi leur concédait de nouvelles garanties, en même temps qu'elle apportait déjà un adoucissement, aux trop barbares dispositions du droit primitif. « Désormais, ce que le peuple aura décidé en dernier lieu, sera le droit fixe et la justice » (Tite Live VII, 17). « Plus de différence entre les individus, plus de privilèges » (Sic. prodonco. C. 17). Le client est protégé contre son patron ; la condition du nexus est réglée, et, quoique encore misérable, est bien supérieure cependant, à celle des anciens débiteurs, livrés autrefois à la merci du créancier patricien ; enfin trois ventes successives délivrent le fils de la puissance paternelle.

Toutefois les patriciens ne se laissèrent pas dérober leur vieux droit sans protester ; tous leurs efforts tendient à maintenir la plèbe bien loin d'eux, en empêchant la fusion par une défense outrageante : entre les deux ordres, pas de mariage possible. Mais six ans après la promulgation du nouveau Code, cette prohibition disparaissait devant la loi Canuleia, qui accordait le *connubium* à tous les citoyens, sans différence de caste. Le *nexum*, à son tour ne tarda pas à être aboli. Ce fut l'œuvre de la loi Pétilia, rendue l'an de Rome 428.

Ces conquêtes du peuple produisirent un effet presque immédiat sur le droit, surtout en ce qui concernait la famille : la puissance du chef de famille s'en trouva amoindrie. Les mariages entre patriciens et plébiens, se multipliant de jour en jour, la confarréation tomba en désuétude, et même les autres modes commencèrent à devenir moins fréquents, car la caste aristocratique ne voulut pas admettre la plèbe à la participation de ses rites religieux, et les femmes de cet ordre se soucièrent peu de tomber en la puissance d'un *pater familias* plébéien. Par la suppression du *nexum*, le pouvoir dominical fut atteint, la loi Pétilia, enlevait en effet à la maison une de ses parties les plus importantes, elle faisait disparaître d'un seul coup, une des deux classes d'hommes libres *in mancipio*.

Là ne s'arrêtèrent pas les efforts des plébéiens. Dès l'an de Rome 387, ils purent arriver au consulat, aussitôt les patriciens le démembrèrent et créèrent la préture, magistrature curule, qu'ils se réservèrent. Trente ans après, ils se la laissaient arracher, et dès lors, la plèbe exerçant de concert avec eux les pouvoirs judiciaires, ils virent tomber l'une après l'autre les antiques institutions juridiques. Sans doute, ces changements ne s'accomplirent pas tout d'un coup ; sans doute, le préteur ne renversa pas brutalement l'œuvre du législateur, mais peu à peu, par ses édits annuels, il introduisit des principes tout nouveaux, se rapprochant de l'équité et des lois naturelles, et ainsi à côté du Droit Civil s'éleva le Droit Prétorien destiné à l'aider, à le compléter, enfin à le corriger, *adjuvendi, vel supplendi, vel corrigendi juris civilis gratia* (Dig. 1, I. 6, 1). Le Droit civil demeura comme une relique des temps passés, vénéré mais délaissé de tous, et tous se soumirent avec empressement au droit nouveau, inauguré par le préteur.

La victoire de la cité plébéienne sur la vieille cité aristocratique et sacerdotale, n'avait pas été la seule cause de cette transformation. Les conquêtes de Rome, les relations avec la Grèce, avaient modifié son esprit et ses mœurs. Elle commençait à se départir de sa rigueur et à se dépouiller de sa rudesse primitive ; elle s'assimilait, et ce fut une des cause de sa force, ce qu'il y avait de meilleur dans les institutions des peuples vaincus. Les étrangers affluaient à Rome, et comme ils ne participaient pas encore au droit des Quirites, que d'un autre côté leur contact journalier et sans cesse croissant amenait de fréquents rapports de droit entre eux et les citoyens, il devient nécessaire de créer une nouvelle juridiction ; à côté du préteur urbain, chargé de dire le droit entre les citoyens, on institua le *prœtor peregrinus*, qui connut des contestations qu'ils pouvaient avoir avec les étrangers, et par conséquent, ne put suivre que les règles du droit des Gens et celles du droit naturel. Cette jurisprudence nouvelle ne laissa pas que d'exercer une grande influence, sur les édits du préteur urbain ; elle acquit même une telle autorité, qu'il ne fut pas rare de voir les Romains eux-mêmes, délaisser le tribunal du préteur de la ville pour aller soumettre à son collègue la connaissance de leurs différends.

Aux édits des préteurs, se joignirent les réponses des prudents qui concoururent dans une large part au développement et aux progrès de la législation. Ces prudents, nous l'avons vu, étaient d'abord les patriciens, qui seuls initiés aux mystères du Droit civil, des actions et des fastes, assis dans leur *atrium*, entourés de leurs clients, don-

naient, à ceux qui venaient les consulter, leurs conseils, ou
leurs réponses, écoutés comme des oracles : « La jurisprudence, dit M. Ortolan, était alors (à la première époque
du droit), un monopole patricien que la caste privilégiée
retenait en elle et sous le secret. Mais, après la promulgation des Douze Tables, après la divulgation des fastes
et des actions, après surtout l'égalité politique progressi-
vement conquise par les plébéiens, on sortit de ce mys-
tère ; une initiation patiente, ouverte à tous, succéda à ces
réponses oraculaires » (Ortolan, t. I, p. 144). Dès lors la
commune fournit également des jurisconsultes ou prudents, qui se mirent à répondre sur le droit, et à l'ensei-
gner publiquement. Leurs efforts tendirent, nécessairement, à dépouiller la loi de ses formes systématiques, à
donner des moyens détournés d'échapper à ses rigueurs et
à établir une jurisprudence plus conforme à l'équité. Toutefois le crédit ou la réputation de leur auteur, fit longtemps l'unique force de ses réponses et ce fut seulement
sous les empereurs, et à partir des constitutions d'Adrien
et de Théodose qu'elles devinrent une des sources positi-
ves du droit (Gaïus, I, 7).

CHAPITRE II

Ces révolutions n'avaient pas encore atteint la constitution essentielle de la famille, mais déjà des modifications importantes avaient été apportées à son organisation, et cela est surtout sensible en ce qui touche les successions soit testamentaires, soit *ab intestat.*

D'après la loi des Douze Tables, l'hérédité *ab intestat* était déférée aux héritiers siens, à leur défaut aux agnats, enfin aux gentils. Au nombre des héritiers siens se trouvaient seulement les enfants qui au décès du chef étaient en sa puissance ; les émancipés, sortis de cette puissance, en étaient exclus. « Tout d'abord le préteur, disent les Institutes, mu par l'équité naturelle, leur donne la possession de biens *unde liberi*, comme s'ils avaient été au pouvoir de l'ascendant à l'époque de sa mort, et cela, qu'ils soient seuls ou qu'ils concourent avec des héritiers siens. Ainsi, qu'il existe deux enfants, l'un émancipé, l'autre soumis au défunt au jour de sa mort, certainement ce dernier est seul héritier par le droit civil, c'est-à-dire seul héritier sien ; mais comme l'émancipé, par le bienfait du préteur est admis à prendre part, il n'est plus héritier que pour partie » (Inst. III, 1, IX). Cette

disposition s'appliquait, non seulement à l'émancipé, mais
à sa postérité. Ainsi les enfants qui lui naissaient après
son émancipation, étaient, s'il venait à mourir, appelés à
sa place dans la succession de l'aïeul émancipateur, au
rang des héritiers siens (Dig. 37. 4, 3. Ulp.). Les enfants
de l'émancipé, qui nés avant l'émancipation étaient par
conséquent restés sous la puissance de l'aïeul, n'en venaient pas moins à l'hérédité de leur père, et comme héritiers siens (Dig. 37, 4, 6, Paul). Enfin la règle nouvelle
concernait tous ces enfants et descendants, qui, par une
cause quelconque, se trouvaient en dehors de la puissance
de leur *pater familias*, à moins que ce ne fût, par la
grande ou la moyenne diminution de tête.

Dans l'ordre des agnats, le préteur n'apporta aucun
changement, il tenta d'adoucir seulement une jurisprudence, contraire à l'équité, et qui s'était introduite à la
suite de la loi Voconia, l'an de Rome 585 (Paul, *Senten.*, 4,
8, 22). Cette loi frappait les femmes d'une certaine incapacité de recevoir par testament : les Prudents avaient
étendu ces restrictions aux hérédités *ab intestat*, et n'a-
vaient admis les femmes à la succession des agnats, qu'à
la condition d'être consanguines du défunt. Les consanguins, dit Paul, dans ses sentences, sont les frères et
sœurs issus du même père, qui sont restés en sa puissance
jusqu'à sa mort, et l'on considère comme tels les fils
adoptifs non émancipés. Donc entre les hommes, l'agnation, jusqu'au degré le plus éloigné donnait un droit réciproque à l'hérédité ; mais quant aux femmes, elles ne
pouvaient l'acquérir que par droit de consanguinité, si elles
étaient sœurs et non à un degré plus éloigné. « Tu suc-

cèdes à la fille de ton frère ou de ton oncle paternel, ou à ta tante paternelle, mais elles ne peuvent te succéder. On l'a ainsi établi, parce qu'il paraissait avantageux de concentrer généralement les hérédités sur des mâles (*Institut.*, III, 2, 3). Le préteur, lui, considéra comme une iniquité, que les femmes fussent universellement exclues comme étrangères, et les admit par son édit à la possession de biens, qu'il accordait en raison de la proximité du sang, mais à la condition qu'il n'existât aucun agnat, ni aucun cognat, plus proche qu'elles. La loi des Douze Tables, n'avait consacré aucune de ces distinctions ; elle avait admis d'une manière indistincte, tout simplement, tous les agnats, mâles ou femmes, à la succession les uns des autres. « Ce fut, disent les Institutes, une jurisprudence intermédiaire, plus jeune que la loi des Douze Tables, mais antérieure à la législation impériale, qui par suite de la subtilité des idées, introduisit cette différence et repoussa entièrement les femmes de la succession des agnats, aucun autre ordre n'existant alors, jusqu'à ce que les préteurs corrigeant peu à peu la rigueur du droit civil ou suppléant à ses lacunes, eussent par une disposition d'humanité ajoutée dans leurs édits, créé un nouvel ordre. Alors la ligne des cognats se trouvant introduite selon le degré de proximité, ils venaient au secours des femmes par la possession de biens et leur donnaient, celle qui se nomme *unde cognati* (*Inst.*, III, 2, 3). » Cet état de chose ne fut définitivement aboli que sous Justinien, qui sur ce point remit en vigueur la loi des Douze Tables. Il est fort présumable que cette jurisprudence s'était établie sous l'influence patricienne, alors que la plupart des juriscon-

sultes appartenaient à cette caste; elle avait pour but
d'empêcher, que les biens des grands propriétaires, presque tous patriciens, se divisant entre les filles, ne vinssent
par celles-ci en des mains plébéiennes; en un mot elle
concentrait les propriétés, sur les mâles, pour leur donner
plus d'influence et plus de prépondérance, dans la cité,
au grand profit de l'ordre aristocratique.

Le tempérament apporté par les préteurs à la barbarie
de la jurisprudence intermédiaire fut puisé par eux,
nous l'avons vu plus haut, dans une de leurs meilleures
créations, l'institution d'un nouvel ordre d'héritiers.
Après les héritiers siens et les héritiers légitimes ou
agnats, ils appelaient les plus proches cognats, ne considérant qu'une seule qualité, la parenté naturelle (*Institutes*,
III, 5, *princ.* et § 1).

A côté de l'hérédité, seul mode de succéder d'après le
droit civil, ils avaient introduit une nouvelle manière
d'entrer en jouissance des biens du défunt, la possession
de biens, l'hérédité prétorienne. Voici, selon M. Ortolan,
quelle en dut être l'origine : « Le préteur qui devait
surtout assurer l'exécution de la loi, était chargé, en cas
de contestation, de faire livrer et maintenir à l'héritier la
possession des biens du défunt. Cette mise en possession
n'était que la mesure exécutoire de la loi d'hérédité;
c'était le fait venant exécuter le droit. Le préteur, dans
le principe, dut donner exclusivement la possession de
biens à ceux qui étaient héritiers par la loi; mais ensuite
il imagina de l'accorder à des parents que le droit civil
avait laissés de côté, et même dans d'autres cas, de la
refuser à l'héritier légal, et de l'attribuer à son détri-

ment à d'autres personnes que l'équité et les liens naturels lui rendaient préférables. Ainsi faisant exécuter le droit civil dans le premier cas, il suppléait à ses lacunes dans le second ; il le contredisait, afin de corriger sa rigueur dans le troisième (Ortolan, *Instit.*, t. II, p. 73).

Non contents d'avoir ainsi modifié l'organisation de la famille dans les successions *ab intestat*, les préteurs allèrent plus loin, et attaquèrent même la puissance du *pater familias*. « *Quod uti legassit super pecunia tutelave suæ rei, itas jus esto,* » avait dit la loi des Douze Tables, attribuant au père le pouvoir le plus large dans la distribution des legs et des libéralités et dans la constitution des tutelles. Mais déjà la jurisprudence civile avait restreint ce pouvoir ; elle avait considéré que, les personnes sous la puissance ou la main du chef, ne faisant qu'un avec lui, et recueillant après sa mort ses biens comme si elles se succédaient à elles-mêmes, il fallait du moins une déclaration formelle pour les exclure de cette succession, et elle avait imposé au chef de famille, qui faisait un testament, la nécessité d'instituer ces personnes ou de les exhéréder, le fils nominativement, les autres *inter cæteros*. Par voie de conséquence, elle avait considéré comme inofficieux les testaments, où ne prenant soin ni d'instituer ni d'exhéréder ses héritiers siens, le testateur les avait tout simplement omis. Bientôt la jurisprudence accorda l'action du testament inofficieux, même à ceux qui se plaignaient d'avoir été injustement exhérédés, sur la supposition, disent les *Instituts* : « Qu'en faisant son testament, le testateur n'était pas sain d'esprit. En cela, on n'entend pas qu'il était réellement fou ; mais que son

testament, quoique régulièrement fait, était contraire aux
devoirs de la piété entre parents; car s'il y avait folie
véritable, le testament serait nul. » (*Instit.*, II, XVIII,
princ.).

Mais à ceux qui avaient été omis, le préteur avait
déjà donné un moyen d'arriver à l'hérédité et cela contre
la volonté du testateur, par la possession de biens *contra
tabulas* (*Instit.* III, IX, 3, Dig. 38, 8, 1. *princ. fr.* Ulp.).
Même, c'était cette voie prétorienne de recours, que les
héritiers siens omis devaient suivre en premier lieu, et
en cas d'insuccès, seulement, ils employaient la *querela inofficiosi testamenti*, qui n'était accordée qu'à défaut de tout
autre moyen de droit pour arriver à la succession du *de
cujus* (*Inst.*, II. XVIII, § 2).

Enfin, dans les dernières années de la République, l'an
de Rome 714, un plébiscite, la *lex Falcidia*, vint compléter les réformes du préteur et des prudents. Cette loi
portait que tout héritier institué par testament, ne pourrait jamais être grevé de legs au-delà des trois quarts de
sa part héréditaire, en sorte qu'il lui adviendrait toujours
un quart en nue-propriété. On ne sait si le plébiscite
contenait, à l'égard de l'hérédité *ab intestat*, une disposition analogue, ou s'il n'y eut à ce sujet qu'une œuvre
d'extension; ce qu'il y a de certain, c'est qu'on attribua
aux héritiers siens, le même droit qu'aux héritiers insti-
tués et que dorénavant sous peine de faire annuler le testament comme inofficieux, ils durent toujours avoir dans
les biens du défunt, à moins de justes causes d'exhérédation ou d'omission, le quart de la part héréditaire qui
leur serait revenue *ab intestat*. C'est ce qu'on appela la

quarte Falcidie, la portion légitime, ou encore la légitime.

Ce n'était pas assez d'avoir garanti le fils des injustices
d'un pouvoir despotique et de l'avoir fait parvenir à
l'hérédité contre la volonté formelle de son père, il aurait
paru équitable de le prémunir contre un autre danger
non moins sérieux et qui se présentait dans une situation
tout opposée. Lorsque le père mourait insolvable, l'hérédité retombait nécessairement sur le fils, qui, en sa qualité d'héritier sien et nécessaire ne pouvait la répudier et
était tenu des dettes jusque sur sa personne. Les biens
étaient vendus en son nom et il encourait l'ignominie.
C'était aussi ce qui se passait pour l'esclave institué. Déjà
le préteur avait accordé à celui-ci la séparation des patrimoines. Il ne pouvait pas moins faire pour le fils, et il
créa en sa faveur ce qu'on appela le bénéfice d'abstention. « Le préteur, disent les *Instilutes*, permet aux héritiers
siens de s'abstenir de l'hérédité, s'ils le veulent, afin que
la vente des biens par les créanciers ait lieu sous le nom
du défunt, plutôt que sous le leur » (*Instit.*, II, XIX. 2 *in
fin.*). Ainsi, bien que l'hérédité leur soit acquise de plein
droit, les héritiers siens et nécessaires n'ont qu'à ne pas
s'immiscer dans cette hérédité, à ne faire aucun acte d'héritier, à rester étrangers de fait et toute action sera refusée
contre eux aux héritiers du défunt. L'abstention différait
essentiellement de la séparation des patrimoines ; elle
était un fait purement passif ; l'héritier sien, n'était tenu
à aucun acte, aucune déclaration, aucune demande ; il
n'avait qu'à rester dans l'inaction et à ne se mêler en
rien des affaires de la succession. L'esclave institué était au

5

contraire, obligé de demander la séparation des biens au préteur, qui l'accordait par un décret. Ces deux sortes de bénéfices se distinguaient aussi par leurs effets : l'abstention enlevait aux créanciers toute action contre l'héritier sien ; la séparation des biens conservait leur droit de poursuite contre l'héritier nécessaire, mais seulement jusqu'à concurrence des biens héréditaires.

Ces réformes avaient corrigé une des plus injustes rigueurs du vieux droit civil, et mis un frein au pouvoir trop absolu du chef de famille. Mais si par testament, le père ne pouvait plus disposer à son gré de la fortune qui devait revenir à ses enfants, pendant sa vie, il avait conservé tous ses droits ; son pouvoir correctionnel, ses droits de propriétaire n'avaient pas souffert, en un mot la véritable puissance subsistait à cette époque. Le type du *pater familias* est encore le vieil Appius Claudius, ancien censeur, qui devenu aveugle, se faisait porter au sénat par ses quatre fils, qui tous avaient été consuls. « Ce vieillard, plein de vigueur et d'autorité, dit Cicéron, gouvernait toujours avec un pouvoir absolu sa nombreuse maison, ses quatre fils, ses cinq filles et une foule de clients. C'était un arc toujours tendu, que les ans n'avaient pu relâcher. Ses esclaves le craignaient, ses enfants le révéraient. C'était là, une maison de mœurs et de discipline antiques » (Cic. *De senectute*). Le droit de vie et de mort n'était pas aboli, et vers la fin même de la république, un sénateur, complice de Catilina, fut poursuivi, et envoyé par son père au dernier supplice.

La puissance avait encore été attaquée dans quelques-

ns de ses effets, mais non dans son essence, par une au-
-e création du préteur, création qui ne contribua pas
eu à dégager la personnalité de l'esclave et celle du fils
e famille. Nous l'avons déjà vu, tout ce qu'acquièrent
es enfants et ses esclaves profitent au chef, qui n'est
ullement tenu de leurs dettes, car soumis à son pouvoir,
s doivent être pour lui une source de richesse et non
ne cause d'appauvrissement. Il résulte de là que l'enga-
ement de l'esclave reste sans effet, le créancier ne pou-
ant agir contre le maître qui ne s'est point obligé, et ne
eut l'être que par son propre fait, ni contre l'esclave
ni-même, qui n'a point de personne civile sur laquelle
uisse reposer un engagement. Les obligations contractées
ar le fils étaient sans aucun doute valables, mais les voies
l'exécution faisaient défaut au créancier, tant du moins
ue vivait le père de famille. En effet, le fils appartenant
au *pater familias*, et ne pouvant disposer de lui-même,
échappait nécessairement à une poursuite contre la per-
onne; et, d'après le droit civil, il ne pouvait avoir au-
un bien. Ainsi, selon la remarque, de M. Bonjean,
oit de droit, soit de fait, les esclaves et les fils de famil-
e, c'est-à-dire l'immense majorité de la population, se
rouvaient en dehors des transactions commerciales
Bonjean. *Tr. des act.*, II, p. 287). Pour parer aux effets
lésastreux que cet état de choses aurait engendré dans
ne ville, où les transactions prenaient chaque jour plus
l'extension, le préteur accorda, sous certaines réserves,
à ceux qui avaient traité avec les fils et les esclaves, le
ouvoir d'agir contre le père de famille, pour le tout,
ar les actions *quod jussu.... exercitoria... institoria*, pour

partie seulement ou mieux, jusqu'à concurrence de certaines valeurs, par les actions *tributoria.... de in remverso.... de peculio.*

Tels ne furent pas les seuls bienfaits du préteur ; sa sollicitude s'étendit à toutes les classes d'hommes en puissance. En introduisant au profit du créancier une voie d'exécution sur les biens du débiteur, la *possessio bonorum,* il fit tomber en désuétude la voie d'exécution forcée sur la personne, l'*addictio,* et détruisit du même coup une des sources les plus fécondes de l'esclavage à Rome. Il favorisa aussi les affranchissements ; autrefois les modes solennels de manumission, donnaient seuls la liberté. L'esclave affranchi à table, entre amis, par lettre, loin d'acquérir la cité, ne devenait même pas libre, et comme il ne s'obligeait pas envers son esclave, le maître pouvait, quoiqu'il eût promis, reprendre la puissance dominicale. Les préteurs s'y opposèrent, et si dorénavant les affranchis de cette sorte ne furent pas citoyens, du moins ils purent vivre en liberté, *in libertate.* Et cependant le préteur tout en favorisant les affranchissements, loin d'améliorer la condition des affranchis, accrut au contraire les droits du patron. Nous savons que ce dernier était exclu de la succession de son affranchi par le testament, ou par les héritiers siens même adoptifs ou émancipés ; nous nous rappelons aussi la critique des Institutes : « A cela, il n'y avait rien à reprendre, si l'héritier sien était un enfant naturel ; mais si c'était un fils adoptif, il y avait injustice évidente à dépouiller le patron de tout droit. » Partant de ce point de vue, le préteur corrigea cette prétendue iniquité du droit. Il restrei-

it pour l'affranchi la liberté de disposer de ses biens.
sormais, si celui-ci faisait un testament, il devait tes-
de manière à laisser au patron la moitié de ses biens ;
on le patron, qui n'avait par testament, rien obtenu
moins que la moitié, se faisait par la possession de
ns *contra tabulas testamenti*, adjuger la moitié des
ens du *de cujus*. Si l'affranchi mourait intestat, lais-
at pour héritier sien un fils adoptif, le patron avait éga-
ment droit à la moitié des biens de la succession ; mais
n autre côté, le patron était exclu par les enfants na-
rels de l'affranchi, non seulement par ceux soumis à sa
issance au moment de sa mort, mais même par ceux
ancipés ou donnés en adoption, pourvu qu'ils fussent
stitués pour une part quelconque, ou que passés sous
ence, ils eussent obtenu la possession de biens *contra*
bulas, car les exhérédés n'excluaient nullement le pa-
on (Instit. III VII. 1). Ici, encore, ce fut au nom de
quité, que l'on corrigea la loi des Douze Tables, mais
peut dire que la véritable équité s'en trouva blessée,
que ce fut comme un temps d'arrêt dans la marche
ogressive du droit vers les lois naturelles.

Le droit prétorien s'était développé non seulement du-
nt les derniers siècles de la République, mais encore
ns les premières années de l'époque impériale. Peu à
u l'Empereur remplaça le préteur, dans l'œuvre législa-
ve ; le droit continua sa progression et ce nouvel ordre
cial, les nouvelles idées aidèrent puissamment à sa
ansformation. Ce sont ces changements que nous allons
udier dans notre dernière partie.

TROISIÈME PARTIE

La Patria Potestas au troisième âge du droit
(Epoque Impériale)

CHAPITRE PREMIER

DISPARITION DE LA MANUS
AFFAIBLISSEMENT DE LA PUISSANCE PATERNELLE.

Les institutions de Rome restèrent robustes et prospères, tant qu'elle fut la petite ville des Vieux, Quirites, laborieuse et absorbée par la vie publique. Elles ne durèrent pas plus que la constitution républicaine et ne réussirent même ni à la protéger ni à la sauver.

A la suite de la conquête de la Grèce et de l'Orient, la corruption des mœurs s'était introduite à Rome en même temps que le luxe et la mollesse. Les mariages s'en ressentirent : l'adultère, qui était puni sous un rapport, était par le fait autorisé, par la licence effrénée, mais légale du divorce. Chaque jour le divorce brisait les liens conjugaux. C'était un usage, un plaisir, un moyen légal favorisant l'inconstance et l'immoralité. La femme divorcée après un second, un troisième mariage, pouvait revenir à son premier mari (Dig. 23. 3. 64). « Le divorce, disait Tertullien, est le vœu et comme le fruit du mariage. » (*Apolog.*, C. VI). « La multitude des coupables, disait Sénèque, étouffe l'ignominie ; la honte de chacun disparaît dans la honte commune. Quelle femme rougirait du divorce, lorsque les femmes d'un rang illustre ne comptent plus les années par les consuls, mais par le nombre de leur maris. » (*De Benef.* III. XVI.)

Bientôt même, c'est à peine si l'on se marie : le célibat est une sorte d'existence considérée et enviée. Le célibataire, flatté, caressé par la vile troupe des captateurs de testaments, devient un personnage de distinction, dont l'éloge se trouve dans toutes les bouches. (Plaute, *Miles Gloriosus* act. III de I. V et Petron *Satyricon*. c. 16) Si cet état de choses eût duré, la cité déjà dévastée par les guerres et les proscriptions, se fût complétement dépeuplée.

Auguste fit rendre les fameuses lois *Julia, Papia, Poppea*, destinées à encourager le mariage et à punir le célibat ; Elles récompensaient la fécondité : mais dans la fécondité même, elles distinguaient de degrés : ainsi, elles accordaient des privilèges à l'homme marié, de plus grands au mari qui avait des enfants et de plus grands encore à celui qui en avait trois. Toutes ces prérogatives étaient basées sur une capacité plus ou moins étendue de recevoir par testament. C'était prendre le Romain, avare et cupide, par son faible, aussi de pareilles lois ne jouirent-elles jamais d'une bien grande considération. De plus en voulant remédier à un mal, elles en causèrent un plus grand: elles firent du mariage une spéculation, un trafic. On se

mariait, dit Plutarque, on avait des enfants, non pour
avoir des héritiers, mais pour avoir des héritages. Enfin
et c'est là le comble, elles propagèrent l'adultère.

« De quoi te plains tu, ingrat? N'est-ce donc rien, per-
fide, que de t'avoir fait présent d'un fils et d'une fille?...
Enfin, te voilà père. Je t'ai fourni des armes contre la méchanceté et la médisance de tes ennemis. C'est moi qui te
vaut les *jura parentis*, par moi tu pourras hériter et recevoir un legs tout entier, par moi tu recueilleras le doux
émolument des caduques. Et combien d'autres avantages
te sont réservés si achevant mon ouvrage je mets trois
enfants dans ta maison! » (Juvénal, *Sat. IX*, V. 82 à 90).

On conçoit aisément que dans de telles conditions, il
n'y avait plus place pour la *manus*. Sans doute, *Gaïus*,
et, sous Septime Sévère, Ulpien nous parlent encore de
coemptio et d'Usus, mais ce sont des unions très rares, et
dont bientôt on n'en voit plus d'exemple.

Une autre Institution d'Auguste, n'avait pas peu contribué à mettre les mariages libres en grande faveur. Je
veux parler du concubinat, qui déjà existait, mais ne reçut
de sanction légale qu'à cette époque, où par tous les moyens
on cherchait à favoriser l'accroissement de la population.

Le concubinat était le commerce licite d'un homme et
d'une femme sans qu'il y eût mariage entre eux. Dans
le principe, avant la loi Canuleia, c'était l'union des
Ingénus avec les affranchies, puis des citoyens Romains
avec les étrangères, enfin sous l'Empire, et surtout à partir
de l'édit de Caracalla qui accordait à tous ses sujets le droit
de cité, ce fut le commerce d'un homme avec une femme
qu'il n'aurait pu épouser, telle qu'une prostituée, une ac-

rice, une femme surprise en adultère (Dig. 25 7. 1. 2.)

Le concubinat fut réglé par Auguste : l'homme marié ne peut avoir de concubine : le célibataire peut en avoir plusieurs à la fois. Toutefois cette union n'eut jamais rien d'honorable, surtout pour la femme : aussi en règle générale, les concubines étaient des affranchies, des femmes de mauvaise vie ou de basse extraction, que l'on n'aurait pu épouser. Toutefois on pouvait également prendre comme concubine une femme que l'on aurait pu épouser, la seule différence qui existait entre celle-ci et les autres, c'est qu'elle restait capable de contracter de justes noces avec son concubin, sous l'influence de motifs domestiques ou d'une nouvelle affection *(nova affectione)* suivant l'expression de Bœhmer (L. I. §. 6. *ad leg. Jul. de adult*).

Nulle formalité n'était exigée pour se mettre en concubinat et « comme il en était de même pour contracter un mariage, comme dans les deux unions, il y avait cohabitation avec une seule femme, il s'ensuit que la concubine ne se distinguait de l'épouse que d'après l'intention des parties, la seule affection de l'homme, la seule dignité de la femme. » (Ortolan. T. I. p 211).

Le concubinat ne donnait ni le titre de *vir*, ni le titre d'*uxor*, ni la *patria potestas*. Il ne produisait aucun lien, était rompu au caprice de l'une des parties, à quelque époque que ce fût, sans qu'il y eût divorce, sans qu'il fût nécessaire d'employer le *repudium*, l'acte de répudiation. Mais, innovation essentielle et capitale, bien que le concubinat ne fût pas un mariage, il produisait un certain effet à l'égard des enfants qui en étaient issus : il indiqua la paternité. Sans doute ces enfants ne furent pas des *justi liberi*, car il n'y avait pas *justæ nuptiæ*, mais ils ne furent pas non plus des *spurii*, des *vulgo conoepti*, on les appela des enfants naturels, *naturales liberi*, et ils eurent pour père l'homme qui vivait en concubinat avec leur mère. S'ils ne furent pas en sa puissance, s'ils n'héritèrent pas de ses biens, ils purent du moins être légitimés.

Toutefois depuis l'Epoque d'Auguste, il se passa encore trois siècles, avant que les enfants naturels pussent jouir du bienfait de la légitimation. Ce fut seulement sous Constantin, que parut le premier moyen de rendre légitimes et de mettre au pouvoir du père les enfants qu'il avait eus d'une concubine, et cette partie de la législation se développa sous les successeurs de ce prince. Justinien dans ses Institutes, n'indique que deux moyens de parvenir à ce résultat, le mariage subséquent et l'oblation à la curie. Dans ses novelles, il en créa deux autres, le rescrit de l'Empereur et le Testament.

La légitimation par mariage subséquent avait lieu lorsqu'un homme ayant des enfants d'une concubine épousait cette dernière, et transformait ainsi le concubinat en justes noces. Mais pour que la légitimation fût parfaite, il fallait : 1° Qu'au moment de la conception des enfants, le mariage entre le père et la mère ne fût défendu par aucune loi ; 2° Qu'on dressât un acte contenant la constitution de Dot « *Instrumentum dotale,* » qui servait à constater le mariage, non dans le but de valider ce mariage, qui n'exigeait lui-même, nous l'avons déjà dit, aucune formalité, mais pour prouver la légitimation, et afin de marquer d'une manière certaine, l'instant où le

concubinat se changeant en justes noces, cette légitimation avait lieu ; 3° enfin il fallait que les enfants ratifiassent,
car ils ne pouvaient malgré eux être soumis à la puissance paternelle (Novelle 89, c, 11).

La condition des grands propriétaires ou curiaux, présentait une physionomie absolument particulière, sous
les empereurs chrétiens. En effet, écrasés par les impôts, enfermés héréditairement dans la curie, privés
dans beaucoup de cas de la libre disposition de leurs
biens, poursuivis partout, ils constituaient, pour ainsi
dire, la classe la plus malheureuse de la Société. A côté
de cela, pour les éblouir, on leur prodiguait les titres et
les honneurs : plus les changes devenaient onéreuses,
plus le despotisme impérial leur prodiguait les expressions et les mots pompeux. Jusqu'alors les enfants naturels d'un père curial, non seulement ne succédaient
pas à son titre, mais même ne pouvaient recevoir de lui
par testament au-delà d'une portion déterminée. Théodose
et Valentin en, l'an 442 de Jésus-Christ déclarèrent les
premiers, que si un père, curial ou non, n'avait que des
enfants naturels, il lui serait permis de les offrir à la
curie de leur ville et en conséquence de leur laisser par
donation ou testament, même la totalité de ses biens ;
que pareillement pourrait recevoir l'hérédité entière de
son père, la fille naturelle qui aurait épousé un curial.
Cette constitution avait pour but d'engager de nouvelles
personnes à entrer dans la curie.

L'Institution de l'oblation à la curie se développa et
devint un véritable mode de légitimation : l'enfant naturel offert à la curie acquit des droits de succession *ab*

intestat comme s'il était légitimé, et passa sous la puissance paternelle. Ce mode ne fut pas, il est vrai, à la portée de tout le monde, car, pour faire de ses fils des curiaux, le père devait leur assurer une certaine fortune. Justinien le confirma et en permit l'emploi même à ceux qui avaient des enfants légitimes. Mais bien que par ce moyen, le fils tombât en la puissance du père, il n'acquiérait cependant de droits qu'à l'égard de ce dernier, et non vis-à-vis des agnats et des cognats, en sorte qu'il restait pour ainsi dire en dehors de la famille. C'était une exception propre à ce mode de légitimation, et en tout contraire aux principes rigoureux du vieux droit civil.

Enfin la volonté toute puissante du prince peut introduire dans la famille et légitimer des enfants naturels, il l'ordonne par rescrit, si le mariage subséquent du père et de la mère est devenu impossible, et s'il n'existe aucun enfant légitime ; par rescrit encore, il ratifie le testament du père qui ne laisse que des enfants naturels et désire leur laisser son nom et sa fortune. Désormais ces moyens étaient suffisants, aussi Justin, et après lui Justinien abrogèrent une constitution d'Anastase qui avait sanctionné d'anciens usages, en mettant de nouveau l'adrogation au nombre des moyens de légitimation (Code 5. 27. 6 et 7 ; Nov. 74. c. 3).

De grands changements avaient eu lieu dans le régime des adoptions. D'abord dans les formes, le rescrit du prince avait remplacé la loi curiale pour les adrogations et quant aux adoptions ordinaires, elles se faisaient devant le magistrat, par son autorité, sur la simple déclaration des parties, et après la rédaction d'un acte constatant l'adoption ; quant à la *mancipatio* et à la *cessio in jure*, elles disparurent. Bientôt même le fond du droit en cette matière subit de graves altérations. Antonin le Pieux permit l'adrogation des impubères ; quand à celle des femmes, défendue aux temps de Gaïus et d'Ulpien, où le rescrit n'avait pas encore remplacé la loi curiate, mais où déjà l'intervention des curies n'était plus qu'une fiction, (Gaius. 1. 101 et 102 ; Ulp. Reg. 8. 5.), elle est admise sous Justinien. « L'adrogation des Impubères faite par rescrit du prince, disent les Institutes, ne se fait qu'en connaissance de cause ; on recherche si le motif en est honnête, et si elle est avantageuse au pupille.... de plus l'adrogeant doit donner caution à une personne publique, que si le pupille meurt avant la puberté, il restituera ses biens à ceux qui lui eussent succédé sans l'adoption ; de même il ne peut l'émanciper, qu'en prouvant au magistrat, qu'il a mérité l'émancipation et en lui rendant tous ses biens. S'il vient à le déshériter en mourant, ou à l'émanciper de son vivant, sans motifs, il devra lui laisser le quart de ses propres biens, entrés bien entendu, de ceux que le pupille lui a transférés au moment de l'adoption, ou a acquis par la suite » (*Instit.* 1. IX. 3). C'est là ce qu'on appela la quarte antonine. Quand aux effets de l'adoption ordinaire, ils restèrent ce qu'ils avaient été dans le droit ancien, jusqu'au moment où Justinien les altéra complétement. Laissons de nouveau parler les Institutes : « aujourd'hui, d'après notre constitution, le père naturel, lorsqu'il donne son fils en adoption à une personne étrangère, ne perd aucun de ses droits : rien n'en passe au père adoptif, et l'enfant ne tombe pas sous la puissance de ce dernier, bien que nous lui accordions des droits de succession *ab intestat*. Au contraire lorsque l'enfant est donné en adoption, non pas à un étranger, mais à son aïeul maternel, ou bien, s'il est né d'un fils émancipé, à son aïeul paternel, ou même à son bisaïeul paternel ou maternel, alors, comme sur la même per-tourne se réunissent les droits que donne la nature et l'adoption, nous laissons au père adoptif tous ses droits fondés sur un lien naturel et légalement établi par l'adoption, de sorte que l'enfant passera sous sa puissance et dans sa famille. » *(Instit.* 1. IX. 3.).

Ainsi, l'organisation de la famille antique était forte-ment ébranlée, les liens de l'agnation tendaient à dispa-raître. Ce n'est plus le droit, c'est la nature qui doit donner la puissance. Le droit des *Quirites* a fait place à l'équité et au droit naturel.

L'agnation reçut encore de rudes atteintes dans les constitutions d'Anastase et de Justinien sur les succes-sions *ab intestat*. En 490, Anastase (Code, 5, 30, 4) avait appelé au rang des agnats en concours avec les frères et sœurs restés en puissance, les frères et sœurs émancipés, et les avait admis à la succession légitime, mais avec une certaine diminution, en sorte, dit Théophile dans sa para-phrase, que le frère resté en puissance dut avoir le dou-ble de l'émancipé ; de plus, cette faveur n'était accordée qu'aux frères et sœurs et non à leurs descendants. Justi-nien l'étendit à leurs enfants, non à leurs petits-enfants, et en outre, supprima la diminution (Code, 5, 58, 15, 1 et 3). Exclues, par la jurisprudence intermédiaire, de la succession des agnats, les femmes y sont rappelées par

Justinien, qui rétablit sur ce point le droit des Douze Tables. Enfin, d'après une constitution de l'an 528, les frères et sœurs utérins, purent arriver à la succession fraternelle, en concours avec les frères et sœurs consanguins tout comme s'ils étaient agnats. En 532, leurs enfants au premier degré furent mis au rang de neveux et nièces agnats. Car, dit Justinien, « nous avons cru devoir ajouter à notre constitution que tout un degré, mais un seul, serait transféré de la ligne des cognats, dans la succession légitime » (*Instit.*, III, 2, 4). Déjà, au temps d'Adrien, le sénatus-consulte Tertullien avait donné à la mère et à la fille, le droit de se succéder l'une à l'autre, et à l'époque de Marc-Aurèle les enfants avaient été admis par le sénatus-consulte Orphitien, aux biens de leur mère décédée *ab intestat*. Ces droits furent étendus sous les empereurs qui suivirent et confirmés par Justinien.

Ces changements, introduits peu à peu sous l'influence des nouvelles doctrines philosophiques et sous l'empire du progrès de la civilisation et de nouvelles nécessités sociales avaient nécessairement modifié la puissance, jusque dans ses principes les plus essentiels. Le droit de vie et de mort s'accordait mal avec des mœurs plus douces ; et l'exercice d'une puissance, si absolue qu'elle froissait les sentiments les plus naturels, ne pouvait qu'être réprouvé par tous, du moment que la nature avait reconquis ses droits. Aussi, Sénèque nous cite l'exemple d'un chevalier romain, Erixon, poursuivi par le peuple et mis à mort en plein Forum, parce qu'il avait fait mourir son fils à force de mauvais traitements (Sénèq., *De Clement.*, I, 14). D'un autre côté, selon la remarque de M. Troplong, le droit de vie et de mort ne pouvait subsister longtemps avec la nouvelle forme constitutionnelle, qui tendait à centraliser tous les pouvoirs dans les mains de l'empereur (Troplong, *Infl. du Christ, sur le Dr. civil des Rom.*). Trajan força un père à émanciper son fils parce qu'il l'avait traité inhumainement. De même, Adrien condamna à la déportation un père, qui à la chasse avait tué son fils, bien que ce dernier fût coupable d'adultère avec sa belle-mère; par ce motif, dit Marcien, que le pouvoir paternel doit s'appuyer sur l'affection et non sur une rigueur atroce. Au IIIe siècle un père ne pouvait condamner son fils à mort sans jugement, sans en référer au préfet ou au président de la province, et Alexandre Sévère réduisait la puissance à un simple droit de correction : « Votre pouvoir, écrivait ce prince à un père, dans une constitution insérée au Code, vous donne le droit de châtier votre fils, et s'il persévère dans sa conduite vous pouvez, recourant à un moyen plus sévère, vous pouvez le traduire devant le président de la province, qui prononcera contre lui la punition que vous demandez » (Cod. 8, 47, 3). Mais la législation n'acquit tout son développement sur ce point que sous Constantin, qui édicta contre le le père coupable d'avoir tué son enfant, les peines du parricide (Code, 9, 17).

Quant à la vente, nous savons déjà qu'à l'époque de Paul, elle était le plus souvent fictive et n'avait d'autre but que de délivrer les descendants de la puissance paternelle; toutefois, on vit encore des exemples de mancipations réelles, mais seulement dans les cas d'extrême misère (Paul, *Sentent.* 5, 1, 1) ou d'abandon noxal. Dioclétien et Maximien défendirent aux pères de vendre et donner leurs enfants, ou de les mettre en gage ; et Valens et Valentinien, de les exposer. Constantin, revenant sur la constitution de Dioclétien permit de nouveau de les vendre, mais lorsqu'ils étaient nouveau-nés, et seulement quand on y serait contraint par la pauvreté. Justinien confirma ces dispositions. Quant à l'abandon noxal, il était depuis longtemps tombé en désuétude (Code 4, 43, 1, 2.— *Instit.* 4, 8, 7).

Si l'extension donnée aux ordres d'héritiers *ab intestat* et l'affaiblissement du lien d'agnation, les mœurs et la volonté des empereurs avaient affaibli la puissance paternelle, en même temps et pour les mêmes causes, la personnalité du fils de famille s'était développée. Mais rien n'avait plus contribué à ce résultat qu'une institution, dont l'origine remontait aux premières années de l'Empire, mais qui dans la suite progressa constamment.

Autrefois, le fils ne pouvait rien posséder : tout ce qu'il acquérait, était la propriété du père. Auguste, Nerva et Trajan qui prodiguèrent aux soldats, tant de privilèges, créèrent en leur faveur ce qu'on appela le *pecule castrense*, dans lequel étaient compris tous les biens gagnés dans le service militaire, et dont les fils, soldats, pouvaient disposer soit entre vifs soit par testament, considérés à cet égard comme de véritables pères de famille « *Filii familias, in castrensi peculio vici patrum familiarum funguntur* » (Dig. 14, 6, de S. C. Macedon.). Si le fils mourait sans avoir disposé de ce pécule, il retournait au père, qui s'en emparait en vertu de sa puissance paternelle, par conséquent en qualité de propriétaire et non d'héritier. De plus jusqu'au règne d'Adrien, le fils n'en pouvait disposer que pendant le temps de son service à l'armée et ce fut ce prince, qui le premier, en accorda la libre disposition aux fils de famille, retirés du service. « Dès lors, reconnaître aux fils de famille la capacité d'être propriétaires, d'avoir des choses à eux et par conséquent d'en disposer et de faire les actes que le commerce de ces choses comportait, ce fut leur constituer une personnalité à eux, une personne civile distincte de celle du chef de famille ; dès lors, ce principe du droit primitif que les fils de famille n'ont pas de personne, que leur individualité s'absorbe dans celle du chef, dont ils ne sont qu'une dépendance, qu'un instrument, commença à devenir faux » (Ortolan. *Instit.* T. I, p. 496).

Toutefois ce n'était encore qu'un privilège des soldats, auquel ne participaient pas les autres fils de famille. Même à l'égard de ceux-ci, le législateur avait pris certaines mesures de précaution, provoquées par le désordre de leurs mœurs. Sous le règne de Claude, suivant Tacite, de Vespasien, au dire de Suétone, il fut rendu un Sénatus-consulte, dont un Macédo usurier fameux, ou fils de famille débauché avait été l'occasion, et qui de là fut appelé Sénatus-consulte Macédonien. Il défendait de prêter de l'argent aux fils de famille ; et toute action fut refusée tant contre le fils ou la fille, le petit-fils ou la petite-fille qu'ils fussent encore en puissance ou non, que contre le père ou l'aïeul ; « le Sénat, ajoutent les Institutes, l'a ainsi décidé, parce que souvent les fils, après avoir emprunté des sommes qu'ils dépensaient en débauches, attentaient à la vie de leurs ascendants » (*Instit.*, 4, VII,

7). Si les faits étaient prouvés, le préteur ne pouvait refuser au créancier son action, mais il accordait une exception au fils de famille. Bientôt le sénatus-consulte ne trouva plus d'application, que dans un nombre de cas très restreint. En effet les empereurs avaient peu à peu étendu à tous les fils de famille, les privilèges du pécule *castrense*, et il ne fut plus nécessaire d'être soldat pour avoir des biens à soi. Dès le temps d'Ulpien (V. Ortolan. *Instit.*, I, p. 497), les enfants en puissance purent posséder certaines choses, mais ce fut une constitution rendue par Constantin en 321 qui fixa le droit sur cette matière. Ce prince assimila aux biens acquis dans les camps, les biens gagnés dans les offices du palais du prince (Code 12, 31) et à cause de cette assimilation, le pécule nouveau prit le non de quasi *castrense*. Les successeurs de Constantin, Théodore et Valentinien, Honorius et Théodose, Léon et Anthémius développèrent cette institution et firent entrer dans le pécule quasi *castrense*, les biens que les fils gagnaient comme assesseurs, comme avocats, comme officiers attachés au préfet du prétoire, comme évèques, diacres et comme fonctionnaires publics. Enfin Justinien décida que toute libéralité impériale formerait en faveur des enfants un pécule de ce genre. De même que le *castrense*, le quasi *castrense* appartenait en toute propriété au fils, qui en pouvait disposer comme un véritable chef de famille ; et il semble qu'à partir de cette époque, le père, en cas de décès *ab intestat* du fils, ne s'emparait du pécule qu'à titre d'héritier et non plus de propriétaire.

Outre le pécule quasi *castrense*, Constantin créa ce que

les commentateurs ont appelé le pécule adventice (*peculium adventitium*). Il se composait d'abord de tous les biens recueillis par les fils de famille dans la succession de leur mère soit par testament, soit *ab intestat*, puis d'après les constitutions d'Honorius et d'Arcadius de tout ce qu'ils acquéraient par succession ou libéralité de leurs aïeuls, aïeules ou autres ascendants de la ligne maternelle; enfin sous Justinien de tout ce qui leur advenait, par une cause quelconque pourvu que ce ne fût pas du père. Mais sur ce pécule, ils n'avaient qu'un droit de nue-propriété, l'usufruit restant au père de famille (Code 6, 60, *de bon. matern.*, 1).

En dernier lieu restait l'ancien pécule, le pécule profectice, qui donné par le père lui appartenait réellement et dont, à sa volonté, il pouvait retirer la jouissance à son fils.

Voilà ce qu'était devenu l'antique pouvoir du *pater familias*, et remarquons que si au temps de sa rigueur primitive, il était presque impossible de s'y soustraire, maintenant rien n'est plus facile que d'y échapper. Autrefois les formes rigoureuses de la mancipation, puis une manumission pouvaient seules en délivrer le fils; maintenant il suffit non plus même d'un rescrit du prince, comme sous les premiers empereurs, mais simplement de se présenter devant le magistrat compétent pour en être affranchi; seuls auparavant, les prêtres de Jupiter et les vestales n'y étaient point soumis; aujourd'hui, les dignités de patrice, d'évêque, de consul, de préfet de prétoire, de questeur, de maître de cavalerie ou de l'infanterie, en un mot toutes les dignités, qui libèrent de la curie, en déchargeant les curiaux de leurs obligations, délivrent par cela même de la puissance paternelle. Bien plus, quoique sortis de la famille, les dignitaires y conservent tous leurs droits; à la mort du chef, ils arrivent à sa succession comme héritiers siens, et leurs enfants, s'ils en avaient avant qu'ils fussent devenus *sui juris*, retomberont sous leur puissance (Nov. 81, c. 2).

Enfin les Novelles 118 et 127 de Justinien portèrent le dernier coup à la famille civile. On reconnaîtra dans les fragments suivants de ces constitutions, que nous ne pouvons mieux faire que de reproduire l'esprit qui a guidé le législateur.

Nov. 118 : Préface «... nous avons jugé nécessaire de régler la succession *ab intestat* des cognats, par une division claire et soignée au moyen de la présente loi. Et comme toute succession *ab intestat* comporte trois degrés, à savoir celui des descendants, celui des ascendants et enfin le degré des collatéraux qui se divisent en agnats et en cognats, nous avons décidé que la succession des descendants viendrait la première. »

C. 1. — « Si le défunt *intestat* laisse un descendant, de quelque qualité qu'il jouisse, à quelque degré qu'il soit, mâle ou du sexe féminin, en puissance ou hors de puissance que ce descendant soit préféré à tous ascendants ou collatéraux. Alors même que le défunt eût été au moment de sa mort encore sous la puissance d'un autre, ses descendants, seront cependant préférés aux ascendants sous la puissance desquels se trouvait leur père, pour des choses qui, d'après nos autres lois, ne sont pas acquises aux parents, etc.

C. II. — A défaut de descendant, les ascendants sont préférés à tous collatéraux, sauf aux frères germains. S'il y a plusieurs ascendants, sont préférés ceux du degré le plus rapproché, de n'importe quel sexe et quel côté. En cas de concours d'ascendants des deux lignes au même degré, l'hérédité se partage en deux lignes. Si le défunt laisse des frères et sœurs germains, ils viennent également en concours avec les ascendants du degré le plus proche ; si c'est avec le père et la mère on partage par tête.

C. III. — Si le défunt ne laisse ni ascendants ni descendants, sont appelés en première ligne les frères et sœurs germains, et à leur défaut les frères consanguins et les frères utérins; les enfants de frère ou de sœur décédé, viendront par représentation de leur père ou mère, en concours avec leurs oncle ou tante, mais ne prendront que la part qui devait échoir à leur père su à leur mère, de sorte que les enfants d'un frère germain prédécédé, seront préférés à leurs oncle et tante qui ne seraient que frères et sœurs consanguins ou utérins ; de même que les enfants d'un frère consanguin ou utérin prédécédé, seront exclus par leurs oncle ou tante, frère ou sœur germains du *de cujus*.

A défaut de frère, sœur ou neveu, sont appelés les autres cognats, selon leur degré de parenté, de manière que les plus rapprochés soient préférés aux autres. S'il s'en trouve plusieurs du même degré, l'hérédité se divise par tête.

C. IV. — Justinien abroge toute différence entre les

agnats et les cognats, les enfants des femmes, les enfants émancipés.

C. V. — De même la tutelle est déférée aux héritiers les plus proches en degré : plus de distinction entre les agnats et les cognats, les hommes et les femmes.

Nov. 127. Préface. « Il ne nous en coûte pas d'élaborer nos lois, du moment où elles sont utiles à nos sujets. Nous avons établi (Nov. 118) le système de la représentation au profit des enfants des frères et sœurs prédécédés. Mais en présence d'ascendants et de frères et sœurs du défunt, nous avions exclu les enfants d'un frère prédécédé. C'est pourquoi, corrigeant ces dispositions, nous déclarons que ces derniers seraient désormais appelés au concours avec les ascendants et les frères, et cela pour la part qu'aurait eue leur père s'il avait vécu. Ici nous parlons des enfants d'un frère germain du défunt.... »

Désormais l'agnation n'était plus qu'un vain mot, et la famille se trouva constituée telle qu'elle l'est encore de nos jours, à quelques exceptions près. C'est évidemment de cette législation si sage de Justinien que se sont inspirés les rédacteurs de nos codes ; ils ont pour ainsi dire calqué sur son système l'ordre de nos successions, et la puissance paternelle qui aujourd'hui, comme alors, ne consiste plus qu'en un simple droit de correction.

CHAPITRE II

Jusqu'à la fin de la République, le sort des esclaves n'avait pas changé, et si le préteur avait donné contre le maître, certaines actions, à raison des actes de ces derniers, c'était plutôt pour sauvegarder l'intérêt des tiers que pour accorder à l'esclave une personnalité civile. Toutefois c'est vers cette époque que se fit sentir une première amélioration ; sous le dictateur Cornélius Sylla, an de Rome 672, fut rendue une loi contre le meurtre, la *lex Cornelia de Sicariis*. D'après elle, l'homicide volontaire était puni de mort ou de la déportation selon le rang du coupable. Et comme la loi avait employé des expressions générales, on appliqua la peine qu'elle édictait, au meurtrier de l'esclave d'autrui, aussi bien qu'au meurtrier de l'homme libre, mais elle ne prévalut pas contre le maître qui conserva encore son droit de vie et de mort, sur ses propres esclaves.

On peut même affirmer que la condition des *servi* était plus mauvaise à ce moment qu'auparavant. Nous ne sommes plus aux premiers temps de Rome, où les esclaves étaient rares, et où les propriétaires, dont ils constituaient une des principales richesses, avaient intérêt à les ménager, agissant ainsi en bons pères de famille. Les guerres ont

inondé Rome et les provinces, des peuples vaincus réduits
n esclavage, et les publicains établis sur toutes les fron-
ières ont organisé la traite humaine. « Ce n'était plus, dit
M. Michelet, des prisonniers de guerre, encore moins des
esclaves achetés, c'était des hommes libres que les marchands d'esclaves publicains, chevaliers et autres enlevaient en pleine paix et le plus souvent chez les alliés de
Rome. Lorsque Marius, partant pour combattre les Teu-
tons, fit demander des secours au roi de Bithynie, Nico-
mède, ce prince répondit que grâce aux publicains, et aux
marchands d'esclaves, il n'avait plus pour sujets que
des enfants, des femmes et des vieillards (Michelet *H.
Rom.* 3, 53). Les esclaves pullulaient : d'un autre côté la
corruption avait accru la méchanceté des maîtres. De là,
les révoltes et les guerres serviles, et comme la peur rend
furieux les hommes timorés, la terreur poussa les maîtres
au comble de la férocité. On connaît le mot de Caton :
« nos esclaves sont nos ennemis (Sénèque, lettre 47). »
C'est alors qu'on vit un certain Flaminius, tuer un esclave
pour amuser un de ses amis, qui n'avait jamais assisté à
une mort d'hommes ; un Domitius, préteur de Sicile, faire
exécuter un esclave qui avait, avec un épieu abattu un
sanglier ; un Pollion, ami d'Auguste, engraisser ses mu-
rènes avec des esclaves qu'on leur jetait vivants. Et si le
maître est assassiné, malheur aux esclaves, qui, logés
tous sous le même toit, ne sont pas venus à son secours !
Le sénatus-consulte Syllanien les condamne tous au dernier supplice (Dig. 27, 5, 1).

En même temps, pour réprimer certains abus, on augmenta les causes d'esclavage. Le sénatus-consulte Clau-

dien, 52, ap. J. C. déclara esclave l'homme libre qui s'était laissé vendre pour partager le prix avec celui qui l'avait vendu, et frappa également de servitude l'ingénue ou l'affranchie qui persistait à vivre dans un commerce habituel avec un esclave. Enfin, l'affranchi ingrat, qui, autrefois devenait esclave de la peine, retombait maintenant sous la puissance dominicale de son patron, son ancien maître.

La cruauté des maîtres devint si excessive que les premiers empereurs cherchèrent à porter un remède à un tel état de choses. Dans les dernières années du règne d'Auguste, suivant les uns, sous Néron, selon les autres, une loi Neronia enleva aux maîtres le droit de condamner eux-mêmes leurs esclaves à combattre contre les bêtes; mais l'esclave était amené au juge, qui, s'il jugeait la plainte du maître fondée, prononçait la peine. D'après une constitution d'Adrien, les esclaves ne purent être mis à mort qu'en vertu d'une condamnation du magistrat, et cet empereur relégua pour cinq ans, une matrone, qui, pour des motifs futiles, avait traité ses esclaves d'une manière atroce. « Une constitution d'Antonin disent les Instituts assimile celui qui tue son esclave sans cause, à celui qui tue l'esclave d'autrui, étendant ainsi la loi *Cornelia de Sicariis*. Et même par cette constitution est réprimée la rigueur excessive des maîtres. » En effet, consulté par quelques présidents de provinces, sur les esclaves qui se réfugient dans les édifices sacrés, ou près de la statue de l'empereur, Antonin ordonna que si les traitements du maître étaient jugés injustes, il fût contraint de vendre ses esclaves à de bonnes conditions : Disposition fort juste, car l'état même est intéressé à ce que personne n'use mal de sa chose. Voici les termes de ce rescrit adressé à Œlius Marcien : « Il convient sans doute de ne pas porter atteinte à la puissance des maîtres sur leurs esclaves et de n'enlever à personne ses droits ; mais il est de l'intérêt des maîtres eux-mêmes, qu'on ne refuse pas aux esclaves, contre la cruauté, la faim ou des supplices intolérables, le secours qu'ils implorent justement. Connaissez donc des plaintes de ceux qui, de chez Junius Sabrinus se sont réfugiés à la statue, et s'il vous est prouvé qu'ils ont été traités plus durement que l'humanité ne le permet, faites les vendre et qu'ils ne rentrent plus au pouvoir de leur maître. Et s'il cherche par des subterfuges à éluder ma constitution, qu'il sache que je l'exécuterai plus sévèrement » (*Instit.*, I, VIII, 2). Ainsi dorénavant, il n'est plus permis en vendant un esclave de stipuler qu'il sera transporté dans un pays lointain ; employé aux travaux les plus rudes ; si c'est une femme, qu'elle sera prostituée. Déjà, d'après un édit de Claude, une femme qui, malgré des conventions contraires, aurait été prostituée, devient libre ; de même, l'esclave malade ou infirme que son maître aurait laissé sans soins ou abandonné (Dig. 40, 8, 6, 1 et 2).

Constantin, puis Justinien confirmèrent ces dispositions, ne laissant aux maîtres qu'un droit de correction. De plus, Justinien abrogea certains modes civils d'esclavage. Depuis longtemps déjà les *addicti* avaient disparu ; la condamnation du quadruple, avait, pour le voleur manifeste, remplacé la servitude. Justinien ne laissa subsister que l'esclavage de l'homme libre qui s'était laissé vendre, et de l'affranchi ingrat, supprimant, ainsi celui qui provenait du *contubernium* et de la condamnation aux mines. Quant à l'esclavage de naissance, il subsistait, mais les jurisconsultes du III\ :\sup e siècle, l'avaient rendu plus rare en décidant que l'enfant naîtrait libre par cela seul que la mère aurait joui d'un instant de liberté, pendant sa gestation. C'était une conséquence inévitable du nouveau principe que ces mêmes jurisconsultes avaient posé, à savoir : « que la servitude est une institution du droit des gens, contraire au droit naturel » (*Instit.*, I, III, 2, Dig. I, 5, 4, 1).

Mais par rapport aux biens on avait conservé l'ancien droit avec toute sa rigueur. L'esclave n'est qu'une chose et ne peut rien posséder : le produit de son travail, les donations, les legs, les hérédités qu'il reçoit, tout est pour son maître, et si ce dernier lui laisse un pécule, c'est presque toujours par intérêt. Les mœurs avaient cependant fini par empêcher qu'il ne les lui retirât arbitrairement, et il y eut des exemples d'esclaves, qui par l'abandon de leur pécule, achetèrent la liberté (Code théod. 4, 8, 8).

Une cause analogue à celle qui vers la fin de la République, avait empiré la condition des esclaves, vint à cette époque nuire aux manumissions et mettre les affranchis dans une situation moins favorable que celle dont ils jouissaient, en vertu de la loi des Douze Tables : « Les esclaves, qui, peu à peu, prenaient la place des soldats que Rome envoyait continuellement périr dans les pays lointains, dévoués aux vices du maître, étaient souvent affranchis par lui et devenaient citoyens. Peu à

peu les fils d'affranchis furent seuls en possession de la
cité, composèrent le peuple Romain, et sous ce nom donnèrent des lois au monde.... Les esclaves prennent la
place des maîtres, occupent fièrement le *forum*, et dans
ces bizarres saturnales gouvernent par leurs décrets, les
latins, les Italiens qui remplissent les légions. Bientôt il
ne faudra plus demander où sont les plébéiens de Rome »
(Michelet. *Hist. Rom.*, 3, 1).

C'est alors qu'Auguste voulut mettre un frein aux
affranchissements qui se multipliaient dans une énorme
proportion : la loi *Ælia Sentia.* apporta diverses entra-
ves aux manumissions entre vifs, et créa une nouvelle
classe d'affranchis, classe inférieure, les Déditices ; la loi
Fusia Caninia restreignit la faculté d'accorder la liberté
par testament. Enfin Tibère, par la loi Julia Norbana, ré-
gularisa la position des esclaves *in libertate*, qui formèrent une troisième classe d'affranchis, les Latins-Juniens.
Le Latin-Junien, dont la condition était bien préférable
à celle du déditice, pouvait devenir citoyen : *beneficio
principali*, par un rescrit du prince ; *iteratione*, s'il était
affranchi de nouveau, avec toutes les conditions qui
manquaient à son premier affranchissement, ou encore si
ayant des enfants d'une citoyenne romaine il se présentait devant le président de la province et prouvait qu'il
avait contracté mariage « *procreandi liberos causa.* » Il
pouvait enfin obtenir la cité en servant quelque temps
dans les gardes de Rome ; en construisant un navire et
en transportant du blé, pendant six ans ; ou en élevant
un édifice, en établissant une boulangerie : *militia, nave.
ædificio, pistrino* (Ulp. reg. 3, 1 et suiv.).

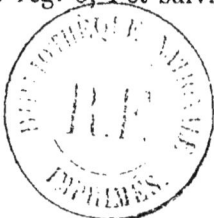

[cachet de bibliothèque]

En même temps qu'Auguste entourait les affranchissements de plus de difficultés, il augmentait par la loi Papia Poppea, les droits des patrons sur la succession de
leurs affranchis. Le patron a droit à une part virile dans
la succession de son affranchi, qui meurt laissant cent
mille sesterces de patrimoine et moins de trois enfants,
qu'il soit décédé *testat* ou *intestat*. Justinien établit tout
un système *nouveau* : si l'affranchi meurt laissant moins
de cent mille sesterces, et en a disposé par testament, le
patron n'y a aucun droit ; s'il est *intestat*, le droit du patron reste entier tel qu'il était fixé par la loi des Douze
Tables. Lorsque l'affranchi laisse plus de cent mille sesterces, il faut distinguer : a-t-il des enfants ou des descendants, ils seront appelés à la succession paternelle, à
l'exclusion totale du patron ; s'il n'a pas de descendants
et meurt *intestat*, alors le patron recueillera la totalité de
l'hérédité ; s'il a fait un testament et que le patron ait été
omis, alors qu'il n'y a pas d'enfants ou qu'ils ont été
exhérédés, ce dernier obtiendra par la possession de
biens *contra tabulas*, non pas, comme jadis, la moitié,
mais le tiers des biens ou le complément de ce tiers, s'il
est appelé à recueillir moins que le tiers par le testament,
et cela sans charges. Ces règles sont applicables non
seulement au patron, à la patronne et à leurs enfants,
mais encore, à leur défaut, à leurs parents collatéraux
jusqu'au cinquième degré.

Cette législation accordait plus de droits au patron
qu'il n'en avait reçu de la loi des Douze Tables. Pas plus
qu'autrefois il n'existait pour l'affranchi de parenté ser-
vile ; ses seuls parents étaient ses enfants, son patron,

les enfants de son patron, et innovation singulière, les collatéraux de son patron. Enfin, si Justinien lui accorda assez facilement la régénération et le droit de porter l'anneau d'or. Il laissa subsister dans toute leur rigueur, tous les devoirs et les droits du patronage qui pesaient sur lui.

CHAPITRE III

Le droit avait progressé par l'extinction du *nexum* et de la *manus*, et par l'affaiblissement du pouvoir du chef de famille sur les enfants et les esclaves ; il était resté stationnaire, en maintenant les droits du patronage ; il se montra rétrograde, en consacrant une institution qui violait jusqu'aux traditions de la vieille cité : le colonat ; en introduisant dans la *domus* et sous la puissance du chef de famille des personnes qui d'après l'antique droit civil, auraient du conserver leurliberté.

Sans doute les patriciens avaient eu des colons, mais les colons ou clients n'en étaient pas moins libres et citoyens romains et la loi des Douze Tables les protégeait énergiquement, en dévouant aux dieux inferneux, le patron qui les eut maltraités : « *Patronus, si clienti fraudem fecerit, sacer esto.* »

Dès le commencement de l'empire, aux anciens colons, avait succédé une classe d'hommes qui tenaient le milieu entre les hommes libres et les esclaves : c'étaient les nouveaux colons, les serfs de la Glèbe (*servi terræ*) et

bientôt l'institution se développant, on en distingua de
deux sortes. Les uns plus rapprochés d'une condition
libre et nommés pour cela même *coloni, inquilini, liberi,
ingenui*, pouvaient quoique attachés à la glèbe et assu-
jettis à une redevance annuelle, devenir propriétaires et
posséder un patrimoine ; les autres ressemblaient davantage aux esclaves et comme ces derniers, n'acquéraient qu'un pécule, dont ils ne pouvaient disposer
à l'insu de leurs maîtres ; grevés par la capitation (*census
in capite*), tribut de tant par tête, dont le maître faisait
l'avance, ils en tiraient leur nom de *tributarii, censiti,
censibus adscripti*, enfin d'*adscriptitii*.

Attachés eux et leurs descendants à tout jamais à la
culture d'un domaine, ils en faisaient en quelque sorte
partie intégrante ; s'ils fuyaient, on les revendiquait comme
esclaves, et les rangs de l'armée ne leur offraient même
pas un asile. Comme aux esclaves, les fonctions publiques, même les plus humbles leurs étaient interdites, et
sur eux les maîtres avaient le droit de correction. Mais
ils ne pouvaient être détachés du sol qu'ils cultivaient, le
propriétaire ne pouvait les vendre qu'avec la terre ; dans
le cas seulement où un propriétaire avait deux fonds, dont
l'un manquait de bras pour l'exploiter, il pouvait trans-
porter des colons de celui qui en avait trop dans l'autre :
encore devait-il emmener en même temps que les colons,
leurs femmes et leurs enfants.

Les colons étaient considérés comme des personnes,
non comme des choses, leur mariage était valable, avant
Justinien, ils jouissaient du *connubium*, c'est-à-dire du
droit de contracter de justes noces avec une femme libre.

7

Ils avaient la puissance sur leurs enfants, une famille et des parents reconnus par la loi.

Un recours leur était ouvert contre le maître du fonds, s'il augmentait arbitrairement les redevances annuelles. Enfin, autrefois le colon, qui pendant trente ans avait vécu libre en fait, et hors de la terre à laquelle, il appartenait, devenait libre de droit.

Mais Justinien, sous prétexte de favoriser l'agriculture en décadence à son époque, décida que ces colons et leurs familles resteraient attachés à la glèbe, afin, dit le texte, que la terre ne soit privée de quelque façon que ce soit d'aucun de ses serviteurs (Const. 23. Code II, 47, *princ.*)

Plusieurs causes avaient donné naissance au colonat. Lors des premières invasions germaniques, des tribus barbares fuyant devant l'invasion, cherchèrent un asile sur les terres de l'empire ; on les transporta dans l'intérieur, où sous le nom de *coloni tributarii*, on les chargea de rendre productives des terres incultes et de repeupler des contrées dévastées. Mais auparavant on avait vu un grand nombre de petits propriétaires, cherchant à échapper à l'oppression et aux exactions des agents du fisc, se réfugier sur les terres de voisins plus puissants et se constituer volontairement leurs colons. Cette sorte d'esclavage mitigé avait commencé en Italie, vers la fin de la République, alors que la propriété territoriale était concentrée en un petit nombre de mains, ce qui faisait dire à Pline : « *Latifundia Italiam perdiderunt* ».

L'Institution une fois admise, augmenta d'elle-même : on fut colon par la naissance, comme on était esclave, et c'est surtout à ces colons de naissance que s'applique le

nom d'*originarii*. L'homme libre qui avait résidé sur la
terre pendant trente ans comme colon, demeurait colon
le droit et ne pouvait plus abdiquer cette qualité. On en
était ainsi arrivé à détruire, suivant l'expression de
M. Ortolan, le beau principe de l'inaliénabilité et de
l'imprescriptibilité de la liberté (Ortolan, *Hist. du Dr.
Rom.*).

DROIT FRANÇAIS

DE LA

LÉGITIMATION DES ENFANTS NATURELS

INTRODUCTION

Le législateur qui reconnaît et protège les droits de la
famille, doit réglementer le mariage, qui en est la source
même. C'est pourquoi, il exige certaines conditions, édicte
certains empêchements, en se fondant sur les lois de la
nature ou de la morale ; il entoure la célébration de formes plus ou moins solennelles, pour assurer la liberté
des parties contractantes et rendre l'engagement public ;
c'est pourquoi, enfin, pour que le mariage ne soit pas une
union passagère, résultant des caprices et des hasards de
la passion, il lui assure, sinon une entière indissolubilité,
lu moins un caractère suffisant de stabilité et de durée.
Dès lors une présomption, qui pourra être détruite dans

certains cas exceptionnels, mais qui a la force d'une présomption légale attribuera au mari les enfants nés de sa femme. Ce lien, légalement reconnu créera entre les enfants, leurs auteurs et les parents de ceux-ci certaines obligations et certains droits. La famille est dès lors constituée.

Mais la loi ne serait qu'une lettre morte si elle n'était pas consacrée par une sanction : aussi le législateur qui vient d'édicter un code matrimonial, déclarera que toute union contractée en dehors des formes légales, sera réputée non existante aux yeux de la loi, que les enfants qui en naîtront seront présumés nés de parents inconnus et considérés comme des étrangers, même dans leur famille naturelle. Mais cette sévérité est-elle bien légitime ? En voulant punir un coupable, la loi ne frappe-t-elle pas un innocent ? Faut-il laisser, à l'enfant, malheureux résultat de la faute, la tache indélébile de la bâtardise ? Non. On comprend que la loi ne permette à l'enfant de rechercher sa filiation qu'en entourant cette recherche d'obstacles et de précautions. Mais on ne peut lui défendre d'aspirer à la légitimité, si cela n'est en rien contraire à l'ordre et à la morale publique, de même qu'on ne peut défendre au père et à la mère de réparer dans la mesure du possible, l'irrégularité de l'union à laquelle l'enfant naturel doit le jour.

Presque tous les législateurs ont admis cette prétention des parents et de l'enfant, mais forcément, avec une portée plus ou moins grande, et sous des conditions diverses.

Dans notre Droit, le père et la mère d'un enfant naturel

simple peuvent le légitimer en contractant mariage l'un avec l'autre, après l'avoir reconnu. Le législateur a espéré qu'en offrant aux parents, comme cadeau de noces, la légitimation de leur enfant, il les déciderait à transformer leur concubinage en un mariage légitime.

NOTIONS HISTORIQUES

I. — DROIT ROMAIN

C'était un signe distinctif des mœurs Romaines, que le désir de tout homme, d'avoir des enfants en sa puissance afin de perpétuer l'existence de la famille et la célébration des *sacra privata*. On comprend de quelle utilité pouvait être la légitimation des enfants naturels, dans cet ordre d'idées : Par elle, un citoyen pouvait acquérir la puissance paternelle sur des enfants, qu'il aurait eus d'un concubinat antérieur, c'est-à-dire sur des enfants qui lui sont déjà rattachés par les liens du sang. Et cependant, pendant longtemps, il n'exista aucun moyen légal de conférer le bienfait de la légitimité aux enfants qui n'étaient pas nés de justes noces, c'est-à-dire de les faire passer sous l'autorité de leur père, tout en leur enlevant leur qualité d'enfants naturels. Rien d'étonnant à cela du reste. La légitimation, primitivement, faite ntièrement dans l'intérêt du père, aurait eu pour principal et, pour ainsi dire, pour presque unique effet, de faire encourir la *minima capitis diminutio* aux enfants naturels : De *sui juris*, qu'ils étaient auparavant, ils seraient devenus *filii familias*, et auraient perdu leur qualité de chefs de famille. Or ce résultat pouvait être obtenu de diverses autres manières : c'est ainsi, que l'on

explique comment on ne trouve même pas le mot de légi-
limation dans la législation Romaine, avant Constantin,
bien que, longtemps avant cet empereur, on constate
t'existence de diverses institutions, qui en sont comme le
germe. Telles étaient l'*adrogatio*, la *causæ probatio*, et l'*erroris causæ probatio*.

L'adrogation était un moyen de faire entrer sous sa
puissance, soit comme fils, soit comme petit-fils, une personne « *sui juris* » avec laquelle il pouvait n'exister aucun lien de parenté. C'était une sorte d'adoption applicable à certaines personnes et soumise à certaines formes
de procédure, qui ont varié suivant les époques. L'adrogé
et les descendants soumis à sa puissance faisaient dès lors
partie de la famille de l'adrogeant, au même titre que les
descendants issus « *ex justis nuptiis*. » Le Droit Ancien
avait admis sans hésiter que les enfants nés en dehors de
la puissance paternelle, pouvaient être adrogés par leur
père naturel. La première restriction fut faite par l'empereur Justin, qui défendit d'adroger les enfants issus *ex
concubinatu*, en se fondant sur l'immoralité de ce fait qui
tendait à détourner les hommes du mariage, par la possibilité de joindre les joies de la paternité aux plaisirs du
célibat, mais à cette époque la légitimation par mariage
subséquent, venait de faire son apparition, et l'adrogation tendait à disparaître, au fur et à mesure, que sa ri-
vale prenait plus d'extension.

Les lois Junia Norbana et Œlia Sentia avaient donné
aux personnes entre lesquelles le *connubium* n'existait
pas, et dont, par conséquent l'union ne pouvait produire
aucun effet au point de vue du Droit Civil, la faculté, dans

le cas ou il naissait un enfant de cette union, d'aller trouver
le préteur ou le président de la province, de lui exposer et
lui prouver les faits ci-dessus (*causam probare*) c'est-à-dire
lui démontrer qu'ils se sont unis *liberorum procreando-
rum causa*. Le magistrat déclarait alors citoyens Romains
le père ou la mère, et l'enfant, ou tous trois ensemble, si
aucun ne l'était. L'enfant était considéré comme légitime
et soumis à la puissance paternelle. Le même résultat
était obtenu par l'*erroris causæ probatio*, dans le cas où
c'était par suite d'une erreur quelconque, que l'union
avait été contractée ; s'il en était né un enfant, les parents pouvaient se présenter devant le magistrat, prouver
leur erreur et acquérir le droit de cité pour eux-mêmes
et la légitimité pour l'enfant.

Il faut arriver jusqu'à Constantin, pour trouver véritablement trace de la Légitimation. Une constitution rendue
par cet empereur, l'an 335 de J. C. et dont le texte ne
nous est pas parvenu permit aux pères de légitimer les
enfants naturels nés du concubinat. L'introduction de la légitimation par mariage subséquent coïncide avec l'avéne-
ment du christianisme sur le trône impérial : l'existence
du concubinat, de cette union d'un ordre inférieur qui
n'élevait point la femme à la dignité d'épouse, était contraire à l'esprit de la religion nouvelle. Il était donc naturel que les empereurs chrétiens, excitassent par des faveurs, ceux qui vivaient dans une telle union, à réparer
leur faute et à la convertir en un légitime mariage.

L'an 476, une constitution de l'empereur Zénon, renou-
vela la précédente, mais en accentuant encore le caractère de mesure transitoire que Constantin avait voulu

donner à sa disposition, en attendant qu'il pût abolir
le concubinat; Zénon refusa formellement le bénéfice de
la légitimation à tous ceux qui, vivant en concubinat,
n'ont pas encore d'enfants nés de leur union, et qui peuvent épouser en justes noces la femme qu'ils ont prise pour
concubine. Le but de cette restriction était d'engager les
personnes vivant en concubinat à s'empresser de contracter mariage; si elles avaient des enfants, afin de les légitimer; si elles n'en avaient pas, dans la crainte de ne
pouvoir légitimer ceux qui leur surviendraient.

En 508, une constitution, publiée par Anastase rendit
définitive, suivant la majeure partie des Commentateurs,
la mesure prise transitoirement par ses prédécesseurs:
Dès lors, on put légitimer par mariage subséquent, tous
enfants nés du concubinat; Justin voulut restreindre les
effets absolus de la Constitution d'Anastase, mais Justinien
vint la confirmer, par une série de décisions et par la
novelle 89, dans laquelle il réunit comme dans un Code,
toutes les dispositions en vigueur sur la légitimation,
dispositions qui ne furent plus modifiées jusqu'au règne de
Léon le Philosophe.

Trois conditions étaient nécessaires, pour que la légitimation par mariage subséquent, produisît ses effets.

1o Le mariage devait avoir été légalement possible au
moment de la conception; l'enfant devait être né d'une
femme « *cujus matrimonium minime legibus interdictum
t.* » 2° Un acte contenant constitution de dot devait être
passé; cet acte qui n'était pas nécessaire pour la vali-
té des *justæ nuptiæ*, l'était pour celle de la légitimation
s doute afin que l'intention de convertir le concubina[t]

en mariage légitime, fût manifestée d'une manière irréfutable. 3° Une troisième condition, empruntée à l'adrogation, était que les enfants consentissent à la légitimation.
qui, de « *sui* » qu'ils étaient, les faisait passer sous la puissance du légitimant.

Mais le mariage pouvait être impossible soit à cause
de la mort de la mère, soit par suite de son absence, de
son indignité, de la bassesse de son origine. Devait-on
condamner les enfants issus du concubinat, et dont le
père était placé dans une telle situation, à ne jamais recevoir le bénéfice de la légitimation? C'était, les condamner
à rester bâtards, puisque comme enfants naturels ils ne
pouvaient plus être adrogés, depuis Justin. C'est cette
considération qui décida Justinien à permettre au père de
solliciter dans ce cas, un rescrit impérial qui produira
exactement les mêmes effets que le mariage subséquent.
La novelle 89 crée, ou plutôt réglemente la légitimation
par rescrit. En réalité, c'était rétablir l'adrogation qui,
dans les derniers temps s'obtenait avec les mêmes
formes que la légitimation, « *principali rescripto, auctoritate imperatoris.* » Toutefois ce mode de légitimation ne
devait être employé que subsidiairement.

Le père seul pouvait demander et obtenir la légitimation par rescrit. La demande faite par la mère ou les enfants eut été nulle et non avenue. C'est là la caractéristique
du système Romain : la légitimation avait été établie en
faveur du père seul, non de la mère, ni des enfants.

De même que le mariage subséquent, la légitimation
par rescrit ne pouvait légitimer que les *Liberi naturales*,
c'est-à-dire ceux qui étaient issus du concubinat, de cette es-

pèce d'union, qui sans s'élever à la dignité du mariage, n'était cependant pas un commerce illicite. Les *spurii* ou autres enfants nés d'une union prohibée par la loi, ne pouvaient être l'objet d'une lettre de légitimation.

Plus tard, les empereurs imaginèrent la légitimation par oblation à la curie. Les Curiales ou Décurions étaient tous les propriétaires aisés, qui faisaient de bon ou mauvais gré partie de la curie ou corps municipal de leur cité, et qui moyennant certains avantages, tout honorifiques, étaient chargés d'administrer les affaires de la ville, et étaient responsables sur leurs biens propres, du recouvrement des impôts. Etant donné les charges qui pesaient sur les Curiales et le peu de profit qu'ils retiraient de leurs fonctions, leur nombre allait toujours en diminuant. C'est alors qu'intervint une constitution de Théodore et Valentinien, qui déclara que l'enfant, offert à la curie et doté par son père du chiffre de fortune légal, était légitimé par ce fait même. Il devenait capable de recevoir les biens de son père en totalité. Léon et Anthemius confirmèrent cette disposition en statuant sur un cas particulier. Souvent après avoir accepté la légitimation, l'enfant tendait à se soustraire à la curie. Désormais il ne le pourra plus, même en renonçant aux biens paternels. Justinien déclara qu'un enfant naturel pourrait être offert à la curie, même lorsque son père a des enfants légitimes. Théodose le jeune et Valentinien accordèrent également le bénéfice de cette légitimation aux filles, qui se mariaient avec des curiales.

L'enfant offert à la curie, ne se rattachait légalement qu'à son père et restait absolument étranger aux parents de celui-ci, ascendants, descendants, collatéraux. La loi n'établit entre eux aucun droit de succession.

Un seul de ces modes, le mariage subséquent, devait se développer, survivre jusqu'à nos jours, et prendre place dans notre législation moderne. La légitimation par rescrit subit quelques modifications et fut encore longtemps en usage après la destruction de l'Empire romain. Nous allons la retrouver dans le Droit canonique et dans le Droit coutumier. Quant à la légitimation par oblation à la curie, c'était une institution toute de circonstance, imaginée pour faire vivre la curie et les derniers vestiges du régime municipal. Elle a disparu avec eux sous le règne de Léon le Philosophe.

II — ANCIEN DROIT FRANÇAIS

La Réprobation dont le Droit Canonique frappait les unions illicites lui avait fait édicter de sévères mesures contre les enfants issus de ces unions. Un concile de Poitiers avait défendu de promouvoir les bâtards aux ordres sacrés à moins qu'ils ne fussent moines ou chanoines réguliers, et dans ce cas même il avait défendu de leur conférer aucune dignité dans l'église. Et le pape Alexandre III, dans une décrétale adressée à l'archevêque de Tours, avait décidé de même que les bâtards pas plus que les esclaves ne pouvaient recevoir l'ordination : « *Consultationi tuæ taliter respondemus, quod neque spurios neque servos ordinare debes.* » Toutefois d'après une décrétale du pape Grégoire IX, adressée à l'archevêque de la même ville, on voit que les papes s'étaient réservé le droit de donner des dispenses dans ce cas. Mais ces dispenses n'avaient pour effet, que de rendre le bâtard, apte à recevoir soit l'ordination, soit les dignités ecclésiastiques.

C'est un roi de France, Philippe Auguste qui fit le premier consacrer par un rescrit du pape, la légitimation des enfants naturels qu'il avait eu d'Agnès de Méranie. Le rescrit émanait du pape Innocent III (année 1201) : Il donnait comme motif de l'intervention du pouvoir ecclésiastique dans l'ordre temporel, la qualité du Roi qui n'ayant point de supérieur était forcé de s'adresser au pape ; aussi quelque temps après voit-on rejeter une demande de la même nature faite par un vassal du roi de France, qui, en cette qualité, devait la faire à son suzerain.

Mais cette rigueur ne dura pas longtemps, et bientôt les papes cédèrent à d'autres sollicitations. C'est ainsi que nous voyons au xve et au xvie siècles, les légats du pape, avoir entre autres pouvoirs, celui de légitimer les enfants naturels, et de « habiliter bâtards, nobles et autres de telle ou semblable qualité. » Le Parlement en vérifiant les bulles du légat ne manquait pas de restreindre cette clause à l'ordre spirituel et de spécifier que le légat ne pourrait user de la faculté que « pour habiliter les bâtards aux ordres et estats de l'Eglise » (xvie siècle). C'est ce qu'exprime Pierre Pithou, dans son article 21 des *Libertez de l'Eglise Gallicane :* « Le pape ne peut légitimer bastards et illégitimes... que pour être promus aux ordres sacrés et bénéfices. » A cette époque, les dispenses accordées par le pape intéressaient donc exclusivement l'état des ecclésiastiques.

Le droit canonique admettait la légitimation des enfants naturels simples, par le mariage subséquent de leurs père et mère ; on présumait que les enfants avaient été conçus sur la foi d'un mariage que les père et mère se proposaient de contracter dès ce moment. C'était le mariage de vœu et désir. Lorsque le mariage était célébré, on faisait, par fiction, remonter le moment de la célébration à celui de la conception, en sorte que le sacrement légitimait même le passé : *Tanta est vis sacramenti, ut qui antea sunt geniti, post contractum matrimonium, habeantur legitimi* » (Décrétale d'Alexandre II). La fiction n'était plus possible, quand les père et mère ne pouvaient se marier au moment de la conception, soit à cause d'un lien de parenté, soit à cause d'un mariage antérieur. On en concluait donc d'une façon certaine que l'enfant, né du commerce de deux personnes dont l'une était engagée dans les liens du mariage au moment de la conception, ne pouvait en aucun cas être légitimé par le mariage subséquent de ses auteurs. Mais une controverse s'était élevée sur le point de savoir, si l'enfant conçu incestueux était légitimé, lorsque ses père et mère se mariaient avec dispense : nous reviendrons sur ce point lorsque nous étudierons la question en droit Civil.

Le droit coutumier, fidèle aux principes du droit canonique, n'admit, comme modes de légitimation, que le mariage subséquent et le rescrit du prince.

I. — *Mariage subséquent.* — C'est notamment vers la fin du xie siècle qu'il est fait mention de la légitimation des enfants naturels (*Petri exceptiones legum Romanarum* — Voir Savigny — *Hist. du Dr. Rom. au moyen âge.* La legitimation s'opérait par la seule force du mariage. Certains auteurs exigeaient qu'il y eut un contrat de mariage écrit : plusieurs arrêts avaient été rendus en ce sens, mais l'opinion contraire était admise généralement. Outre que la règle de la rédaction d'un « *instrumentum dotale* » à laquelle on se référait dans ce cas, n'était pas admise sans contestation en droit Romain, le droit canonique n'en parle nulle part : l'intervention du clergé qui déclarait l'union légitime et la bénissait, en assurait la preuve d'une manière beaucoup plus certaine.

Or le droit coutumier avait admis les règles du droit canonique.

Pour que le bâtard fut légitimé par le mariage subséquent, il fa lait que sa filiation fut prouvée. A Rome, cette filiation avait toujours un certain degré de certitude, les seuls enfants, en effet, qui pussent se rattacher au père et être légitimés, étaient les « *liberi naturales* », c'est-à dire les enfants issus du concubinat. Cette union était un mariage de fait, et la concubine vivant avec ses enfants dans la maison de leur père, leur filiation à l'égard de celui-ci était toujours certaine. — Il n'en était pas de même dans notre ancien droit. La légitimation s'appliquait à tous enfants issus d'unions prohibées, à l'exception des enfants adultérins ou incestueux. En dehors du mariage, il n'y a pas d'union qui permette de rattacher, avec certitude, les enfants qui en sont issus, à leur père. Il fallait donc recourir à d'autres moyens de preuve, qu'à de simples présomptions.

L'une de ces preuves résultait de l'aveu des parents, qui pouvait être antérieur au mariage, et se trouver consigné dans l'acte de baptême ou dans tout autre écrit : mais la bâtardise étant une cause d'incapacité permanente en droit commun, la reconnaissance de l'enfant par les parents n'eût pu la faire disparaître et elle eût, au contraire rendues impossibles les libéralités que le bâtard pouvait recevoir de son père naturel dans le cas où cette reconnaissance n'aurait pas été suivie d'un mariage subséquent. Le plus souvent l'aveu des parents était concomitant au mariage : Il pouvait être consigné de cinq manières différentes : 1° en marge du registre ou s'écrit l'acte de célébration; 2° dans le corps de cet acte même; 3° dans le contrat de mariage, s'il y en a un; 4° dans un acte spécial joint à la minute du contrat; 5° dans un acte spécial inscrit sur le registre du curé.

Pour donner plus de solennité à la déclaration des futurs époux, et de notoriété au changement d'état des enfants, il était d'usage de faire paraître les bâtards à la célébration du mariage et de les placer sous le poële avec leurs auteurs. Il semble même qu'à l'origine, cette cérémonie fut obligatoire. « Quand un hom a compagnie à une femme hors mariage, dit Beaumanoire (Cout. de Beauvoisis, ch. XVIII), et il l'épouse après, ou tant qu'elle est grosse, li enfez qu'elle a au ventre devient loyaux par la vertu du mariage. Voire s'il en avait plusieurs enfans nés avant qu'il l'épousast, et la mère et l'enfant, à l'épouser étaient unis sous le poële en sainte église, si deveuraient-ils loyaux hoirs. » De même Loysel formulait ainsi sa règle XL : « Enfants nés avant le mariage, mis sous le poële, sont légitimés. » Toutefois, au temps de Pothier cette cérémonie, n'était certainement plus obligatoire : « Cette cérémonie dit-il, (*Contr. de Mar.* n° 421), est une reconnaissance solennelle que les parties contractantes font de ces enfants, mais qui n'est pas nécessaire, lorsqu'elles les ont reconnus pour leurs enfants, de quelque autre manière que ce soit, soit avant, soit après le mariage; en un mot, lorsque ces enfants peuvent, de quelque manière que se soit, justifier leur état. » De cette dernière phrase, il ressort avec évidence que la reconnaissance des enfants naturels n'était pas nécessaire, et que pour profiter du mariage de leurs parents il suffisait

aux bâtards, de prouver leur filiation, même à l'égard (
père, à quelque époque et par quelque moyen que ce fû

La légitimation par mariage subséquent produisait l
effets les plus complets : le bâtard légitimé était assimi
à un enfant légitime, les droits de succession notan
ment étaient les mêmes. Il en a toujours été ainsi depu
que ce mode de légitimation a été introduit en Franc
par les canons ; cependant ce point est contesté. Mais
cette légitimation n'avait pas d'effets rétroactifs ; el
n'était que la conséquence du mariage.

Ce principe avait une grande importance en ce qui
concernait le droit d'aînesse. Le bâtard légitimé, était nécessairement l'aîné des enfants issus du mariage ; mais s'il
existait plusieurs enfants naturels issus des deux époux,
ils étaient tous légitimés par le mariage subséquent, «
mariage, dit Lebrun (Succ. lib. I Chap. II), est un baptême, dont les eaux étant appliquées sur le chef, répan-
dent également leurs vertus sur tous les membres,
mais quel était l'aîné ? Ils étaient tous nés à la vie civile
en même temps, par l'effet du mariage : on était obligé
d'avoir alors égard à l'âge de chacun. — Dans le cas d'un
mariage intermédiaire, soit du père, soit de la mère, l'enfant issu du premier mariage, quoique sa naissance fut postérieure à celle de l'enfant légitimé par le second mariage,
avait cependant sur celui-ci, les droits de primogéniture.

II. — *Légitimation par lettres patentes du roi.* — C'était
la légitimation par rescrit du prince. On en trouve les
premières traces, en Droit Canon, dans une Constitution
d'Innocent III rendue en 1213. A côté de la légitimation
par rescrit du Pape, qui n'avait que des effets spirituels

permettant de promouvoir les bâtards aux dignités ecclésiastiques, les princes séculiers établirent une législation
analogue, ayant pour but de conférer aux enfants naturels, la qualité d'enfants légitimes en matière civile. Cette
légitimation par lettres du roi, semble avoir pris naissance au xive siècle. Ducange, nous cite des lettres patentes du roi Jean, de l'année 1353, conférant la légitimation à un bâtard « *ex plenitudine et auctoritate regiæ potestatis.* » Suivant Lebrun (Succ. lib. I, ch. II, § 4, sect.
II), ce ne fut qu'en 1393, que ce mode de légitimation fut
admis par les parlements, qui du reste en restreignirent
de plus en plus les effets.

Ainsi qu'à Rome et dans le Droit Canon, la légitimation
par lettre émanait du bon plaisir du souverain et, par suite,
n'était assujettie à aucune autre règle que la volonté
royale éclairée par la raison et l'équité.

En Allemagne, les empereurs ont souvent accordé à
des comtes du palais ou à de grands seigneurs le droit
de délivrer les lettres de légitimation. L'empereur Charles IV concéda au jurisconsulte Bartole, et à ses descendants, docteurs en droit, le privilège de délivrer de telles
lettres.

En France, on peut citer quelques concessions analo-
gues, mais beaucoup moins fréquentes. Ainsi en 1380,
Charles VI, établissant le duc de Berry, comme son lieu-
tenant dans le Languedoc lui donne le pouvoir d'accorder
les lettres de légitimation et de faire payer finance aux légitimés. Mais les exemples de telles concessions sont assez
rares. Et si les lieutenants ou gouverneurs de province
s'attribuaient encore en fait, le plus souvent, le droit de

délivrer les lettres de légitimation, ce fait a été au xv⁰ et xvi⁰ siècle déclaré abusif. Désormais le droit de délivrer les lettres est exclusivement réservé au roi. C'est une des sources des revenus royaux.

Le rescrit pouvait donc légitimer, les enfants adultérins et incestueux aussi bien que les enfants naturels simples. On a de nombreux exemples de fils de prêtres, ou de fils d'évêques légitimés par le roi (Viollet, *Hist. du Dr. Franc.* T. II). La première légitimation d'un bâtard adultérin eu lieu en 1551 ; « et plusieurs, dit Papon (Papon, lib XXI, tit. III), s'ébahirent, pour le mauvais exemple qu'en sort, en raison de l'adultère qui est partout et toujour odieux. » Cet usage subsista, jusque dans ce dernier état du Droit. Puisque le prince fait les lois, disait-on, il peu les changer. Le père devait seulement déclarer au roi, la tache du bâtard, dans la demande qu'il lui adressait pour obtenir les lettres de légitimation.

Les effets de la légitimation par lettres patentes du roi, ont varié suivant les époques. A l'origine, on reconnaît au roi un pouvoir absolu : la légitimation par rescrit a les mêmes effets que la légitimation par mariage subséquent : mais plus tard, il s'établit, entre elles, des différences importantes. La légitimation par mariage tendi à absorber la légitimation par lettres dont les effet allèrent toujours en diminuant. Cette dernière effaçait la tache imprimée à la naissance du bâtard. Elle levai l'incapacité qui existait pour lui, de recevoir des dispositions universelles de ses père et mère, mais ou discuta beaucoup la question de savoir si elle lui donnait le droi de succéder ab intestat, soit à ses père et mère, soit au

autres membres de la famille. Denisard, distinguait, à
cet égard, trois époques. Dans la première, la légitimation par lettres, produisait les mêmes effets que la légitimation par mariage, même au point de vue successoral,
même dans le silence de la disposition royale ; dans la
seconde, pour que le légitimé par lettres put succéder, il
était nécessaire qu'il fut habilité à cet égard par une
clause précise des lettres, et qu'elles fussent obtenues du
consentement des père et mère. Ce consentement seul,
suffit, il est vrai, pour rendre le légitimé capable de
succéder à tous ses parents : la volonté du roi domine
encore, mais on ne la présume plus, elle a besoin d'être
exprimée. Dans la troisième époque enfin il était admis
que les lettres obtenues, du consentement des père et
mère, n'avaient d'effet qu'à l'égard de leur succession, et
que ce n'était que dans le cas ou les autres parents con-
sentaient à la légitimation, qu'il se produisait une véritable agnation, leur donnant à tous le droit de se succéder
les uns aux autres. C'était bien véritablement alors, suivant l'expression de Coquille, la légitimation par grâce et
dispense.

Dans le dernier état du Droit, on admettait que l'enfant légitimé par lettres patentes du roi, n'était pas l'aîné
des enfants légitimes, même quand ceux-ci avaient
consenti à la légitimation ; qu'il n'excluait pas la fille
dotée de la succession paternelle, dans les coutumes ou
elle était exclue par les mâles : qu'enfin l'enfant n'entrant
pas dans la famille, ne pouvait par conséquent être soumis à la puissance paternelle, telle qu'elle résultait du

droit Écrit. Cela provenait du caractère exceptionnel de sa légitimation.

On admettait également que la légitimation par lettres ne donnait pas lieu à la révocation des donations pour cause de survenance d'enfants (Ordon. 1731, art. 39); qu'elle ne faisait pas défaillir dans les substitutions la condition *sine liberis* (ordon. 1747, art. 23).

En somme dans le dernier état du droit, sauf le droit successoral dont les lettres patentes permettaient la création, sous la condition du consentement de toutes les parties intéressées, le roi ne pouvait plus, par la légitimation, conférer d'autre droit que celui de porter le nom de son père et ses armes, avec une brisure de gauche à droite, même en déclarant sa volonté d'une manière expresse. Elle serait méconnue, et d'Aguesseau (t. VII, p. 468), en donne cette raison remarquable : « On ne peut croire que le prince eut voulu accorder quelque chose qui n'est pas conforme au princip du Droit. » Pothier (*des Success.* chap. I, art. 39; IV, § 6), manifeste clairement ce changement qui s'était produit dans la jurisprudence et la doctrine, en disant que les lettres de légitimation avec clause de succéder ne sont plus d'usage.

III — DROIT INTERMÉDIAIRE

Le premier acte législatif que nous trouvions sur les enfants naturels, pendant la période révolutionnaire, est un décret de la Convention du 4 juin 1793, rendu sur le rapport de Cambacérès. A cette époque, la réaction préparée par les philosophes du dix huitième siècle, contre les institutions, et les mœurs du passé, était dans toute sa force ; toute doctrine, tendant à établir une distinction quelconque entre les hommes à raison de leur naissance, était proscrite comme un reste de barbarie : il était tout simple que l'infériorité de condition civile, dans laquelle avaient vécu jusqu'alors les enfants illégitimes fut effacé par la législation, non seulement dans leurs rapports avec la société, ce qui eût été équitable, mais encore dans leurs rapports avec la famille légitime, ce qui n'était ni juste ni sage. « La différence qui existe entre eux, disait Cambacérès, dans son rapport, est-elle juste ? Y a-t-il deux sortes de paternité ? Présenter cette question à des législateurs philanthropes. c'est préjuger leur solution, ce serait leur faire injure que de croire qu'ils fermeront l'oreille à la voix incorruptible de la nature, pour consacrer à la fois et la tyrannie de l'habitude, et les erreurs des jurisconsultes... »

Toutefois, malgré le radicalisme de ces prémices, Cambacérès recula devant l'assimilation complète et absolue des bâtards aux enfants légitimes. Voici en effet dans quels termes il conclut : « Aussi, je ne crains pas de vous proposer de placer dans la famille, les enfants naturels nés de personnes libres, presque sur le même rang que les enfants légitimes, sauf quelques différences en faveur de ceux-ci, et dans le seul but de favoriser l'institution du mariage. »

Pendant toute cette période, nous ne trouvons aucun texte sur la légitimation. La loi de Brumaire, an II, n'en parle pas. De là est née la question de savoir, si c'est par la législation ancienne ou par le Code, que doit être réglé l'état des enfants naturels, dont les parents se sont mariés avant la promulgation du Code, mais ne sont décédés que postérieurement. Cette solution présente surtout de l'intérêt au point de vue de la reconnaissance, qui est exigée par le Code, et qui ne l'était pas par les lois anciennes. Malgré un arrêt de la Cour de Nîmes (15 juillet 1819), il faut décider, avec la jurisprudence de la Cour de Paris, et de la Cour de Cassation, que le mariage subséquent, contracté sous l'empire de la loi du 12 Brumaire an II, légitime les enfants nés antérieurement au mariage, sans qu'il soit besoin d'un acte de reconnaissance antérieur au mariage ou contenu dans l'acte de célébration. En effet, aucune loi n'est venue modifier la législation ancienne : la loi de Brumaire an II, ne parle nulle part des enfants légitimes. Et du reste elle n'aurait pu sans attaquer le principe de la non rétroactivité des lois, les soumettre aux dispositions à venir du Code, puisque d'une part, leur état était déjà fixé, et que de l'autre, elle les eut privés, jusqu'à une époque indéterminée, du bienfait de la légitimation. Admettre l'opinion contraire serait, du reste, aller contre l'esprit du législateur de l'an II, qui avait eu pour but de favoriser les enfants naturels (C. C. Req. 5 mai 1836. Dijon 30 juillet 1840. Bordeaux, 20 mars 1830 et Req. 27 décembre 1831, etc. Voir Dalloz, *Rép. Jurisp. gén.* V° *Paternité et filiation*, n° 439 et note).

Il est bien entendu que pour exercer les droits, que la législation intermédiaire conférait aux enfants naturels, il fallait que leur filiation fut certaine. Elle se prouvait par la possession d'état, établie à l'aide d'écrits publics ou privés émanés du père, ou par les soins consécutifs donnés à titre de père, tant à l'entretien qu'à l'éducation de l'enfant. De même à l'égard de la mère.

Il faut bien reconnaître, d'ailleurs, que si la loi de Brumaire an II était restée en vigueur, la légitimation serait tombée en désuétude, car elle eut été absolument sans intérêt, puisque l'enfant naturel entrait dans la famille comme un enfant légitime, et y jouissait des mêmes droits successoraux, sauf à l'égard de ses aïeux et aïeules. D'autre part, les titres de noblesse étaient abolis, et chaque individu pouvant prendre tel nom qu'il lui plaisait, la légitimation n'eut plus été qu'un mot vide de sens.

DROIT MODERNE

Le Code reconnaît trois espèces de filiations :

1° La filiation légitime, qui se divise en filiation légitime proprement dite et en filiation légitimée ;

2° La filiation naturelle, qui se divise en filiation naturelle, simple, incestueuse ou adultérine.

3° La filiation adoptive.

Donc six classes d'enfants :

1° Les enfants légitimes, c'est à dire les enfants conçus et nés pendant le mariage de leur père et mère.

2° Les enfants légitimés c'est à dire, ceux qui, simples enfants naturels au moment de leur conception, ou même de leur naissance, sont devenus légitimes après coup, par le mariage de leurs père et mère.

3° Les enfants naturels simples. Tout enfant conçu et né hors le mariage, est naturel. On l'appelle naturel simple, quand le commerce d'où il est né ne constitue ni un adultère, ni un inceste, c'est à dire, lorsqu'il est issu de deux personnes qui, au moment de sa conception, étaient libres de tout lien conjugal, et qui n'étaient rattachées l'une à l'autre, par aucun lien de parenté ou d'alliance, susceptible de faire obstacle à leur mariage.

4° Les enfants naturels adultérins. On appelle adultérin, l'enfant qui est issu de deux personnes qui à l'époque de la conception, n'auraient pu se marier ensemble, parce que l'une d'elles ou toutes les deux étaient engagées dans les liens d'un mariage encore existant.

5° Les enfants naturels incestueux. Les enfants naturels incestueux, sont ceux dont les père et mère, étaient, à l'époque de leur conception, unis par un lien de parenté ou d'alliance, susceptible de faire obstacle à leur mariage.

6° Les enfants adoptifs, c'est à dire ceux dont la filiation a sa source dans un contrat solennel intervenu entre eux et la personne qui les accepte pour enfants.

Nous ne faisons que mentionner en passant la première et la dernière classe, qui sont absolument en dehors de notre sujet, et dont nous n'avons pas à nous occuper.

La filiation est la source des droits les plus importants : et ces droits sont plus ou moins étendus, suivant la qualité de l'enfant.

Est-il légitime : il entre complétement dans la famille de ses père et mère : le lien qui l'unit à eux, s'étend à tous leurs parents. Il a ou peut avoir des ascendants, aieuls ou bisaieuls et des collatéraux, oncles ou tantes, frères ou sœurs. Sa légitimité l'investit d'un droit de successibilité générale, et il a droit à exiger des aliments, non seulement de ses père et mère, lorsqu'il est dans le besoin, mais même de ses autres ascendants.

Est-il légitimé : il a désormais tous les droits d'un enfant légitime, mais, ces droits il ne les acquiert que du jour ou s'accomplit le fait qui le fait passer de la condition d'enfant naturel à l'état d'enfant légitimé, c'est à dire à partir seulement du jour de la célébration du mariage de ses père et mère, à la différence des enfants légitimes, qui, dès le moment de leur conception, acquièrent tous les droits que la légitimité leur confère.

Est-il naturel simple, ses droits sont très restreints. De même que l'adoption, la reconnaissance n'a qu'un effet purement relatif : le lien qui unit l'enfant naturel au père ou à la mère qui l'a reconnu, s'arrête à leur personne. L'enfant naturel n'entre pas dans la famille de ses père et mère : il en résulte, qu'il ne succède jamais à leurs parents ; qu'il n'a point, légalement parlant, d'ascendants autres que ceux-ci, et qu'en dehors d'eux, nul n'est tenu de lui fournir d'aliments. Quant à la succession de ses auteurs, la loi l'y admet ; mais en ne lui donnant qu'une fraction des droits qui appartiennent aux enfants légitimes (art. 757.)

Quant aux enfants adultérins ou incestueux, la loi ne leur donne que le droit de réclamer des aliments.

Les auteurs sont unanimes, pour se plaindre de l'insuffisance des dispositions que le code civil contient sur la filiation des enfants naturels. On dirait que c'est à regret que le législateur s'est occupé de ces malheureux enfants. « L'esprit qui l'anime, dit M. Laurent, est sans doute un esprit moral : il a voulu honorer le mariage en favorisant les enfants qui doivent le jour à des unions légitimes. Mais s'il a cru par là réprimer le concubinage, il s'est singulièrement fait illusion. Le nombre des enfants naturels adultérins et incestueux n'est pas allé en diminuant. Et par suite, il s'est élevé et s'élève tous les jours de nouveaux débats sur la filiation naturelle, adultérine et incestueuse » : (Laurent. Dr. Civ. T.4. p.1.) C'est sans doute poussé par ce même esprit, et dans l'intention d'augmenter le nombre des enfants légitimes, que le législateur conserve la légitimation par mariage subséquent qui du droit Romain, avait passé dans le droit Canon.

La légitimation se justifie du reste par les considérations les plus puissantes. L'ordre public, nous dit Bigot-Préameneu, est intéressé à ce que l'homme et la femme qui vivent dans le désordre, aient le moyen d'éviter l'un ou l'autre de ces deux écueils, celui de se séparer par dégoût ou celui de continuer un commerce coupable. La loi leur offre, dans une union sainte et légitime, des avantages assez précieux pour les porter à la contracter. L'homme donnera les droits de la légitimité à des enfants pour qui la nature doit lui inspirer des sentiments de tendresse, et il remplira en même temps un devoir que sa conscience doit sans cesse lui rappeler. Par la légitimation, la femme réparera sa faute et recouvrera son honneur. Les enfants, cela va sans dire, y ont le plus grand intérêt. On a cependant objecté que l'espoir de la légitimation pourrait favoriser le concubinage : C'est la raison pour laquelle la législation anglaise n'admet pas la légitimation par mariage subséquent. Mais il est fort douteux que les mœurs s'en trouvent mieux, et que la crainte seule de jeter dans la vie, de pauvres êtres sans nom et sans famille, fasse diminuer le nombre des unions illicites. La passion est égoïste et ne calcule pas : mieux vaut donc lui laisser une porte ouverte pour le repentir et la réparation (Bigot Préameneu. *Exposé des motifs*. Locré t. III, p. 91).

Nous diviserons notre étude en cinq parties nous verrons successivement.

1° Ce qu'est la légitimation.

2° Quels enfants peuvent être légitimés.

3° Quelles sont les conditions de la légitimation.

4° Quels sont les cas de nullité de la légitimation.

5° Quels sont ses effets.

CHAPITRE PREMIER

CARACTÈRES DE LA LÉGITIMATION

La légitimation est un bienfait de la loi, dont l'effet est de faire considérer, comme nés de mariage, des enfants, nés du concubinage (Duranton, Dr. F. T. III. L. I. t. 7).

L'article 331 du Code civil, pose le principe que les enfants naturels sont légitimés par le mariage subséquent de leurs père et mère. Ce principe repose sur une fiction. Nos lois, dit Portalis, supposent que les père et mère qui se marient après avoir vécu dans un commerce illicite, ont toujours eu l'intention de s'engager par les liens d'un mariage solennel ; elles supposent que le mariage a été contracté au moins de vœu et de désir, dès le temps de la naissance des enfants, et par une fiction équitable, elles donnent un effet rétroactif au mariage (Portalis. *Discours préliminaire*, n° 63. Locré, T. I, p. 173). Cette explication donnée par Portalis n'est plus admise maintenant par la généralité des auteurs. La légitimation est bien une fiction ; mais cette fiction au lieu de faire remonter le mariage au jour de la conception, ou seulement au jour de la naissance, fait redescendre et la conception et la naissance au jour du mariage. « La légitimation, dit M. Zachariæ, est une fiction légale... mais elle n'a jamais d'effet rétroactif, elle ne remonte ni au jour de la conception, ni au jour de la naissance ; elle ne

9

date qu'à partir du mariage » (Zachariæ, T. III, p. 673). Et ses deux annotateurs ajoutent avec beaucoup de clarté : « C'est le jour du mariage, qui est le jour de la conception et de la naissance légitimes. *Dies nuptiarum, dies est conceptionis et nativitatis legitimæ.* »

Le mariage légitime les enfants naturels en ce sens que, s'ils sont légalement reconnus, il suffit, que les père et mère se marient pour que les enfants soient légitimés. La légitimation s'opère de plein droit, par la seule force du mariage, indépendamment du consentement soit des père et mère, soit de l'enfant. L'article 331, il est vrai, dit seulement que « les enfants pourront être légitimés » mais le mot pourront n'implique pas que la légitimation soit facultative et que les père et mère aient la faculté de légitimer ou de ne pas légitimer leurs enfants naturels, tout en se mariant. Les parents sont libres de reconnaître leur enfant naturel ou de ne pas le reconnaître, de même qu'ils sont libres de se marier ou de ne pas se marier. Et en ce sens, il dépend d'eux de légitimer ou non, leurs enfants ; mais dès que la reconnaissance et la célébration du mariage ont eu lieu, la légitimation en est la conséquence forcée : et personne dès lors ne peut l'empêcher de se produire. Aussi n'est-il pas nécessaire que les parents déclarent dans leur acte de mariage, l'intention de légitimer leur enfant naturel, lorsqu'il a été reconnu antérieurement ; c'est la loi elle-même qui lui confère la légitimité. Il en était de même sous l'ancien droit. « La légitimation des enfants nés du commerce charnel que les parties ont eu avant leur mariage, dit Pothier, se fait par la seule force et efficace du ma-

riage que leurs père et mère contractent ; il n'est donc
pas nécessaire que le consentement des père et mère in-
tervienne pour cette légitimation ; il n'est pas en leur pouvoir de priver leurs enfants du droit que la loi leur donne,
par l'effet qu'elle donne au mariage de leurs père et mère
de les légitimer » (Pothier, *Cont. de mar.* n° 422).

L'enfant lui-même ne peut repousser l'effet de la légitimation. Il lui est permis, il est vrai, comme à tous ceux
qui y ont intérêt (art. 339) de contester la reconnaissance
dont il a été l'objet avant la célébration, ou dans l'acte
même de célébration de mariage ; le succès de la demande aura pour conséquence d'empêcher la légitimation,
mais s'il succombe, la légitimation sera le résultat nécessaire du mariage.

Ainsi un seul mode de légitimation est admis par le
Code Civil, celui résultant du mariage subséquent des
père et mère de l'enfant naturel. Il n'est plus possible,
comme dans l'ancien droit d'obtenir la légitimation par
lettres patentes du chef de l'Etat. Cette légitimation avait
pour objet de faire cesser l'incapacité dont étaient
frappés les bâtards de remplir les dignités et emplois. Elle
ne leur donnait que le nom du père et le droit de porter
es armes de sa maison, mais avec une brisure de gauche
à droite. Elle ne leur conférait aucun droit de succession.
Sous l'empire du Code civil les enfants naturels jouissent
les droits politiques et des droits civils ; ils ne sont privés
que des droits de famille. La légitimation par rescrit
du prince était donc devenue tout à fait inutile ; elle a
isparu de la législation.

Il peut arriver cependant que le mariage subséquent

des auteurs soit devenu impossible, ou bien matérielle-
ment, par suite de la mort ou de l'absence de la concubine ou moralement, à cause de son indignité. Tout espoir de légitimation devrait-il donc disparaître pour les
enfants naturels placés dans de telles conditions. Oui,
si l'on s'en tient rigoureusement aux termes de l'article 331 !
non, si l'on considère, dans quelles conditions fut adopté le titre de la légitimation par le législateur et quelle
fut l'intention de ce dernier. Il est un fait certain, que
dans pas mal de cas, la légitimation par lettres du chef
de l'Etat pouvait remplacer et surtout compléter la légitimation par mariage subséquent. Sans doute tout ce qui
de près ou de loin touchait à une autorité quelconque disparut dans la tourmente révolutionnaire : on peut dire
que la légitimation par rescrit des princes disparut naturellement par ce seul motif ; mais les passions étaient
bien calmées, lors de la confection du code ; comment se
peut-il faire que l'on n'ait pas cherché à remplacer, par
une institution quelconque, ce mode de légitimation dont
la disparition eut laissé un grand vide dans la législation ?

C'est que ce vide était comblé. Nous avons rencontré
en Droit romain, une légitimation par adrogation permise
d'abord, puis abolie. L'adoption inconnue dans l'ancien
Droit Français, existe chez nous depuis 1792. Or, si l'enfant naturel peut être adopté par ses père et mère, il y a là
une sorte de légitimation, qui produira des effets presqu
semblables à ceux du mariage subséquent, et qui pourr
remplacer celui-ci dans les cas où il ne sera pas ou plu
possible ; avant d'examiner la question, il faut en préci
ser les termes ; si la filiation de l'enfant naturel n'est pa

légalement établie, soit par reconnaissance, soit par une recherche judiciaire, l'adoption est permise sans difficulté : ses père et mère sont présumés inconnus : il n'est l'enfant de personne, et peut par conséquent être adopté par n'importe qui. La question ne peut donc s'élever que lorsque la filiation est légalement avouée ou constatée.

Peu de questions ont soulevé tant et d'aussi graves débats. Le jurisconsulte Merlin a, sur ce point, deux fois changé d'avis. Il décidait d'abord, et, ce fut à cet avis qu'il se rangea en dernier lieu, que l'adoption des enfants naturels reconnus était interdite. Mêmes changements, mais en sens inverse, dans les décisions de la Cour de cassation, qui après avoir condamné sa première jurisprudence, d'après laquelle l'adoption des enfants naturels reconnus devait être considérée comme permise, y est revenue en 1846 et y est toujours restée fidèle depuis.

L'adoption, comme nous le disions plus haut, date chez nous de la loi du 18 janvier 1792, qui la permit en principe, sans en régler les conditions : cette absence de conditions et la faveur accordée aux enfants naturels ont fait admettre sans difficulté, que sous l'empire de cette loi, c'est-à-dire jusqu'au Code, les enfants naturels purent être adoptés par leurs auteurs. Plusieurs arrêts ont même jugé qu'en l'absence de dispositions restrictives, on pouvait adopter un enfant adultérin, mais cette solution était contestée. Le titre de l'adoption fut promulgué le 12 Germinal, an XI, et comme il pouvait y avoir doute sur la validité des adoptions faites sous la loi de 1792, une loi du 25 Germinal, an XI, valida expressément les adoptions faites antérieurement aux prescriptions de la loi nouvelle.

Donc pendant onze ans, il a réellement existé une légitimation par adoption.

Le code a-t-il admis cette solution, La doctriue ici se partage en deux camps également puissants par le nombre et l'autorité.

Les partisans de l'adoption possible invoquent les raisons suivantes :

1° Ce que la loi ne défend pas est permis ; or aucun texte ne prohibe l'adoption de l'enfant naturel. On a répondu à cela par deux raisons : on a dit d'abord que les principes de notre droit, fort différents de ceux du Droit Romain sur la constitution de la famille, rendaient incompréhensible l'adoption de l'enfant naturel, c'est-à-dire, la création d'un titre fictif, alors qu'il existe un lieu naturel ; mais c'est là une raison théorique, qui tombera devant la volonté contraire du législateur. Il peut avoir admis l'adoption de l'enfant naturel comme il a admis sa légitimation. La seconde raison opposée par les partisans de l'opinion contraire, est plus juridique : elle repose sur l'énumération d'un certain nombre d'articles du titre de l'adoption qui sont inapplicables dans l'espèce ; on répond que ces articles visent l'hypothèse ordinaire, c'est-à-dire celle de l'adoption d'une personne étrangère à l'adoptant ; que si, dans notre espèce particulière, ils sont inapplicables, il est bien difficile, d'en tirer pour cela, une prohibition qui n'est formulée nulle part ;

2° Les circonstances qui ont accompagné ou précédé la rédaction du Code, confirment cette opinion. Nous avons vu, en effet, que pendant un laps de temps assez long, l'adoption des enfants naturels avait été considérée comme permise, et se produisait chaque jour, se substituant ainsi fort heureusement à la légitimation par lettres. Les rédacteurs du Code l'ont donc trouvé établie avec une possession d'État de onze années ; s'ils avaient voulu la proscrire ils n'auraient pas manqué de le dire formellement. Un article fut rédigé en ce sens : Tronchet s'était posé en adversaire déclaré de l'adoption des enfants naturels reconnus, parce qu'il y voyait un moyen détourné d'éluder les incapacités dont la loi frappe ces enfants. Pour lui donner satisfaction, la section de législation du conseil d'État, avait inséré dans le second projet, un article ainsi conçu : « celui qui a reconnu dans les formes établies par la loi, un enfant né hors mariage, ne peut ni l'adopter, ni lui conférer d'autres droits, que ceux qui résultent de cette reconnaissance. » Or cet article a été supprimé après discussion. Qu'en conclure, sinon que le législateur a renoncé à l'idée de Tronchet, d'interdire l'adoption des enfants naturels reconnus ?

3° Si l'on n'admet pas l'adoption des enfants naturels, on arrivera aux conséquences les plus fâcheuses, le père ne voudra plus reconnaître son enfant, pour se conserver ainsi la possibilité de l'adopter plus tard. Et de plus, pourquoi, dans le cas où le père n'a pas d'enfant légitime, et où le mariage subséquent est impossible, ne pas lui permettre de laisser tous ses biens à son enfant naturel plutôt qu'à des collatéraux ? Comment prétendre que cette solution n'est pas morale et qu'elle est contraire à la dignité du mariage ? Le sentiment paternel est trop puissant pour que la possibilité de l'adoption, soit un obstacle au mariage, pour que la légitimation restreinte porte atteinte à la légitimation entière. L'objection la plus grave, que l'on fait à la possibilité de l'adoption, est tirée de l'article 908 du Code civil. Cet article déclare, en effet, que l'enfant naturel ne pourra rien recevoir au-delà de ce qui lui est attribué par la loi au titre des successions. Cet article, dit-on, prohibe absolument l'adoption ; car quel en est le but ? C'est d'attribuer à l'enfant plus que la loi ne permet de lui donner. Cet argument, quoique assez spécieux, n'est pas irréfutable. Sans doute, l'enfant naturel ne peut être avantagé au-delà des termes de la loi ; mais il faut tenir compte, dans notre espèce, du fait nouveau qui s'est produit : nous ne sommes plus en présence d'un enfant naturel simple ; c'est un enfant naturel adopté, comme il aurait pu être enfant naturel légitimé. Lorsqu'il se présentera pour recueillir en totalité la succession de son père, il pourra répondre, si on lui oppose l'article 908 : « Je suis bien un enfant naturel, mais l'enfant légitimé l'est également. Si l'article 333 lui confère les droits de l'enfant légitime, l'article 350 me les accorde aussi d'une manière expresse. Pourquoi donc vouloir m'opposer l'article 908, que vous ne pourriez, cela ne fait de doute pour personne, opposer à l'enfant légitimé ? »

« Autoriser l'adoption des enfants naturels reconnus, a-t-on dit en dernier lieu, c'est autoriser leur légitimation en dehors des conditions requises par la loi : car quelle différence y a-t-il entre un enfant adopté et un enfant légitimé ? Les différences sont considérables et fournissent une réponse à l'objection : Elles résultent de ce que l'adopté, à la différence de l'enfant légitimé, n'entre pas

ns la famille de l'adoptant. Le lien qui unit le père et
le fils adoptif, s'arrête à leur personne : aussi entre
l'adopté et les parents de l'adoptant, aucun lien de parenté, partant pas de droit de succession réciproque,
aucune obligation alimentaire.

Pour que la légitimation par mariage subséquent produise ses effets, elle a été par le Code, subordonnée à
deux conditions :

1° La reconnaissance des enfants naturels ;

2° Le mariage subséquent.

Nous allons successivement examiner chacune de ces
deux conditions.

CHAPITRE II

§ I. — *De la Reconnaissance.*

Dans l'ancien Droit, nous venons de le voir, les enfants naturels étaient aptes à recevoir le bienfait de la légitimation, par le fait seul du mariage subséquent de leurs père et mère. « *Tanta vis est matrimonii ut qui antea sunt geniti, post contractum matrimonium, legitimi habeantur* » (Décrétale du pape Alexandre III, chap. VI *Extra qui filii sint legitimi*). D'après la législation canonique, le mariage n'avait pas besoin d'être précédé d'une reconnaissance préalable. Cela tenait en partie du moins, aux principes qui régissaient la filiation naturelle : « Les enfants naturels pouvaient, de quelque manière que ce soit, justifier leur état (Pothier, *contr. de mar.* n° 421) ». La recherche de la paternité était admise aussi bien que celle de la maternité. Le bâtard avait donc le droit absolu d'établir sa filiation, à quelque époque que ce fût et une fois cette filiation établie, le mariage des deux auteurs avait pour conséquence nécessaire la légitimation de l'enfant ; mais aujourd'hui, le code n'admet plus la recherche de la paternité, sauf exception, et ne permet celle de la maternité que sous des conditions très sévères. Le mariage ne pouvant légitimer les enfants naturels, que si leur filiation est constante, la loi devait exiger la reconnaissance préalable des père et mère, la reconnnaissance étant le seul moyen légal de constater, tout au moins la filiation paternelle. C'est ce qu'exprime l'article 331 du code civil : « Les enfants, pourront être légitimés, par le mariage subséquent de leurs père et mère, lorsque ceux-ci les auront reconnus antérieurement au mariage, ou qu'ils les reconnaîtront dans l'acte même de célébration.

Peu importe d'ailleurs que la reconnaissance soit volontaire ou forcée. Le texte de l'article 331, prévoit, comme le fait d'habitude le législateur, le cas qui se présente le plus habituellement, celui d'une reconnaissance volontaire ; mais il n'est pas douteux que si la filiation d'un enfant naturel était établie par une recherche, l'enfant serait légitimé par le mariage de ses père et mère, à la seule condition, que la décision judiciaire intervenue en sa faveur, ait été rendue avant le mariage.

Une foule de questions peuvent se poser à propos de la reconnaissance des enfants naturels. Nous ne traiterons ici, pour ne pas nous écarter de notre sujet, que de celles qui y ont directement trait. Nous ne parlerons donc ni des formes de la reconnaissance, ni des officiers publics devant qui elle peut être faite. Nous nous bornerons à examiner, au point de vue de la légitimation, à quelle époque elle doit être faite, et par qui elle peut l'être. Nous aurons aussi, en traitant des nullités de la légitimation, à examiner dans quels cas et par qui une reconnaissance peut être contestée.

I. — *Quand la reconnaissance doit-elle être faite ?*

Le législateur a exigé, comme première et essentielle condition, pour arriver à la légitimation, que les enfants aient une filiation naturelle établie d'une manière certaine, or, comment cette filiation pourrait-elle être mieux établie que par l'aveu même des père et mère ? Cet aveu, c'est la reconnaissance. Le législateur exige en plus que cet aveu, cette reconnaissance soit antérieure au mariage, ou tout au moins qu'elle soit faite dans l'acte de célébration du mariage. Il a craint qu'une reconnaissance faite après le mariage, ne fût pas toujours l'expression de la vérité. Les époux auraient pu s'entendre pour reconnaître et légitimer un enfant qui leur serait étranger ou qui le serait à l'un d'eux ; et il ne doit pas dépendre du concert frauduleux des époux de créer des liens de filiation que la nature seule peut établir (Portalis. *Discours préliminaires.* Locré, tom. I). Ce serait, selon l'expression du premier consul, créer des enfants par consentement mutuel (Séance du Conseil d'État du 24 Brumaire an X, Locré, tome.III).

Il faut donc que la filiation de l'enfant soit légalement établie vis-à-vis de chacun des parents, lors du mariage pour que celui-ci entraîne la légitimation.

Les auteurs sont d'accord à cet égard, lorsque la reconnaissance est volontaire. Elle ne peut, si elle est constatée dans un acte postérieur au mariage, conférer la légitimité à l'enfant ; toutefois elle aurait encore cet effet de lui attribuer la qualité et les droits d'enfant naturel (art. 331, 333,338). L'accord cesse, lorsqu'il s'agit de la reconnaissance judiciaire.

L'enfant reconnu, par un seul de ses parents, peut arriver plus tard, pendant ou après le mariage, à la preuve judiciaire de la filiation, vis à vis de celui qui ne l'avait pas reconnu avant le mariage; ou bien il n'a été l'objet d'aucune reconnaissance, et a postérieurement exercé la recherche de paternité et de maternité, conformément aux article 340 et 341 du Code civil. Dans ces différentes hypothèses, acquerra-t-il la légitimation, comme s'il avait été spontanément reconnu par ses deux parents avant la célébration de leur mariage, bien que le jugement soit postérieur à cette célébration.

Quelques auteurs pensent que la décision judiciaire, quoique postérieure au mariage, doit produire la légitimation. « En effet, dit Duranton, le jugement qui reconnaît la maternité n'est que déclaratif de ce fait; le jugement remonte, quant à ses effets au jour de la naissance de l'enfant. Il est censé être l'expression d'une déclaration libre, spontanée, de maternité faite à cette époque. Dès lors l'enfant a en sa faveur la double reconnaissance du père et de la mère, antérieure au mariage, et réunit ainsi toutes les conditions exigées par l'article 331 » (Duranton, III, n° 180). Si l'on n'admet pas ce système, ajoute-t-on, beaucoup d'enfants qui pourraient être légitimés, seraient privés de ce bénéfice, surtout par la faute de la mère dont la reconnaissance fera souvent défaut, soit qu'elle ait été retenue par un sentiment de prudence mal entendue, soit par suite de la fausse croyance où sont en

général les mères qu'elles n'ont pas besoin de reconnaître une maternité constante pour tous, et déclarée dans
l'acte de naissance de l'enfant. Enfin aucune fraude n'est
à craindre puisque c'est par une décision judiciaire que
la filiation sera constatée (Duranton, T. III, n° 180. —
Toullier, II, 927. — Demolombe, T. II, p. 10, n° 57 bis.
VII).

Cette doctrine est rejetée par la généralité des auteurs :
la reconnaissance forcée ne saurait avoir des effets plus
étendus qu'une reconnaissance volontaire. Comme le jugement, la reconnaissance ne fait également que constater une qualité préexistante, en sorte que cette doctrine
conduit à dire qu'une reconnaissance, postérieure au mariage, volontaire ou forcée, suffira toujours, pour produire,
la légitimation. C'est la violation complète de l'article 331.
De plus, il n'es, pas exact de croire qu'un jugement ne
laisse pas de place à la fraude : on peut toujours craindre
entre les parties une collusion qui rendrait illusoires, les
précautions prises par le législateur. La reconnaissance
volontaire est la grande, la principale preuve de la filiation naturelle, comme l'acte de naissance pour la filiation
légitime. La recherche judiciaire n'est qu'un moyen subsidiaire et exceptionnel, comme la possession d'état et la
preuve par témoins dans la filiation légitime. Or, comment
le moyen subsidiaire serait-il plus fort que le moyen principal, l'exception plus efficace que la règle ?

Donc le jugement portant reconnaissance forcée doit,
comme la reconnaissance volontaire, être antérieur au
mariage.

Mais, du moment que la reconnaissance existe, peu importe l'époque ou elle a été faite : elle aura pu l'être avant la naissance de l'enfant, dès le moment de sa conception : « *infans conceptus pro nato habetur, quoties de commodis ejus agitur.* » La disposition finale de l'article 334 « lorsqu'elle ne l'aura pas été dans l'acte de naissance » qui semble supposer que l'enfant est déjà né au moment de la reconnaissance n'y fait pas obstacle : elle se réfère au cas le plus ordinaire, mais elle est énonciative et nullement restrictive. Il n'y avait du reste aucun motif raisonnable d'empêcher un individu qui se voit sur le point de mourir de reconnaître l'enfant qui lui devra le jour. Il est vrai qu'on ne peut, dans ce cas, déterminer son sexe, ni indiquer le jour de sa naissance, ses prénoms, etc. ; mais le père peut déclarer qu'il se reconnaît le père de l'enfant dont telle femme est enceinte, le sexe et les prénoms de l'enfant seront constatés par son acte de naissance, et l'acte de reconnaissance s'y référera par la mention qui en sera faite en marge du premier.

De même la reconnaissance pourrait être faite après le décès de l'enfant naturel. Cela ne fait aucun doute, lorsqu'il laisse des descendants ; l'article 332 est absolument formel, la loi en indique le motif : la légitimation, dans ce cas, profite aux descendants. Mais les opinions se divisent lorsque l'enfant n'a pas de postérité : nous n'avons pas à examiner cette question puisque dans ce cas la légitimation serait sans objet. Disons toutefois que la validité de la reconnaissance, n'étant subordonnée par la loi à aucune condition de temps, celle-ci peut être valablement faite à toute époque. Il est possible, que les père et mère de l'enfant naturel n'aient pas pu, pour des circonstances indépendantes de leur volonté, le reconnaître avant son décès. Sans doute la cupidité et le désir de s'assurer une succession étrangère peuvent être les mobiles de cette reconnaissance tardive, mais la loi a suffisamment protégé l'intérêt des tiers en leur permettant de la contester (art. 339) et les tribunaux se montreront d'autant plus disposés à admettre la preuve de la fraude que l'acte sera plus suspect.

II. — *Par qui, la reconnaissance doit-elle être faite ?*

La reconnaissance d'un enfant naturel est la déclaration que le père fait de sa paternité, ou la mère de sa maternité : il y a là l'aveu d'un fait tout personnel à celui dont il émane, et qui ne peut dès lors être fait que par lui ou par son mandataire muni d'une procuration spéciale et authentique : ne serait donc pas valable, la reconnaissance faite par le père ou la mère dont le fils aurait un enfant naturel, ou par le tuteur d'un mineur ou d'un interdit dans le même cas.

Les applications de ce principe seront parfois bien dures. Voici un cas qui s'est présenté devant la Cour de cassation : Un individu meurt au moment où il allait épouser une femme enceinte de ses œuvres. Après sa mort, son père déclare la naissance de l'enfant à l'officier de l'Etat civil et le reconnaît pour son petit-fils ; plus tard, il renouvelle cette déclaration dans un acte spécial. Cependant l'enfant est écarté de la succession de son aïeul, de celui-là même qui l'avait reconnu ; il se pourvoit en cassation ; et la Cour déclare qu'il n'y avait pas eu de reconnaissance de la part du père : donc pas de filiation, pas de droits d'hérédité (Cass. 11 juillet 1826. Laurent. Dr. civ. T. IV, p. 50).

L'officier de l'état civil devrait refuser d'insérer une déclaration de reconnaissance, dans un acte de naissance lorsque celui qui la fait n'est pas muni d'un mandat spécial et authentique (art. 2, loi du 21 juin 1843), car l'article 35 défend de rien insérer dans les actes, que ce qui doit être déclaré par les comparants. L'insertion d'une telle déclaration de reconnaissance pourrait donner lieu, en vertu de l'article 1382 du Code civil, contre l'officier de l'état civil et contre ses auteurs, à une action en dommages-intérêts et même, s'il y avait intention de nuire, à une poursuite correctionnelle pour diffamation conformément aux articles 13 et 18 de la loi du 17 mai 1819.

Il n'est pas nécessaire que la personne de qui émane la reconnaissance, soit capable de contracter ; elle peut donc être faite par un mineur, même non émancipé ; ou par une femme mariée, sans l'autorisation de son mari ou de justice ; par une personne pourvue d'un conseil judiciaire sans le concours de ce conseil ; par un interdit, dans un intervalle lucide, quoique l'article 502 annule indistinctement tous actes passés postérieurement à l'interdiction, par cette raison qu'à défaut de ce moyen, il n'y en aurait aucun autre, de constater la paternité naturelle de l'interdit.

Un étranger peut reconnaître un enfant naturel en France, si la loi étrangère qui règle sa capacité ne s'y oppose pas ; et s'il y a mariage subséquent la légitima-

10

tion de l'enfant naturel reconnu, en sera la conséquence.

L'article 331 exige, pour que le mariage subséquent
des père et mère légitime l'enfant naturel « que celui-ci
ait été légalement reconnu avant le mariage, ou tout au
moins dans l'acte de célébration. »

La reconnaissance étant un aveu personnel, il s'ensuit
qu'elle n'existe qu'à l'égard de celui de qui elle émane, c'est-
à-dire que le père peut seulement reconnaître la filiation
paternelle et la mère la filiation maternelle. Il en serait
ainsi alors même que l'acte contenant la reconnaissance
faite par l'un des auteurs contiendrait l'indication du
nom de l'autre.

Si l'on s'en tenait aux principes, la question ne ferait
pas de doute : la reconnaissance est un aveu ; or l'aveu
est purement personnel.

Mais l'article 336 vient apporter une exception à cette
règle : « La reconnaissance du père sans l'indication et
l'aveu de la mère n'a d'effet qu'à l'égard du père. »

Si l'on prend à la lettre les termes de cet article, on en
conclut que la reconnaissance faite par celui qui se prétend le père, ne peut être efficace par rapport à la mère
que sous ces deux conditions : 1° qu'elle contiendra l'indication de cette mère ; 2° et que cette indication sera
faite du consentement de celle-ci, c'est-à-dire en vertu
d'un pouvoir spécial donné par elle dans ce but, conformément à l'article 334.

Cette disposition de l'article 336 n'est-elle pas bien singulière ? A quoi bon prendre la peine de dire qu'un homme ne peut point, en reconnaissant sa paternité naturelle,

attribuer la maternité de son enfant à telle ou telle femme qu'il lui plaît de choisir, et contre le gré de cette femme? Si on a inséré cette disposition, n'en faut-il pas conclure qu'elle a un autre sens que le sens littéral? Qu'elle implique que si le père indique la mère cette indication prouvera la maternité, si elle est confirmée d'une manière quelconque? Et comme la loi ne contient pas de disposition analogue quant à la mère, n'en faudra-t-il pas conclure que la mère, n'a pas le droit d'indiquer le père, et que cette indication, si elle la faisait n'aurait aucun effet? De sorte que la loi attacherait un plus grand effet à la déclaration du père qu'à celle de la mère?

C'est, en effet, l'interprétation admise par la jurisprudence et par bon nombre d'auteurs : c'est la meilleure à notre sens. Décider autrement serait enlever toute valeur à l'article 336, puisque l'aveu fait par la mère en la forme authentique constituerait par lui-même une reconnaissance en bonne forme, la preuve légale de la maternité, indépendamment de l'indication faite par le père. Or cette indication, quelque compromettante qu'elle soit pour l'honneur de la femme, émane d'une personne nécessairement bien informée dont rien n'autorise à suspecter la fraude. Qu'elle ne prévaille pas sur la dénégation de la femme, et qu'elle ne puisse même constituer un commencement de preuve par écrit, rien de plus juste; mais lorsqu'au lieu de la contredire, la mère la confirme par son aveu, il y aurait une rigueur excessive et une injustice flagrante envers elle et envers l'enfant à subordonner la force de cet aveu à des conditions de forme, que l'article 336 ne prescrit nullement; il fait sous ce rap-

port exception à la règle générale de l'article 334. La loi
n'exige rien autre chose que l'aveu. Il peut précéder,
accompagner ou suivre l'indication faite par le père, résulter d'un acte authentique ou sous-seing privé, voire même
être tacite et résulter de certains faits. « Il est des circonstances, a dit Portalis, qui ne sont pas moins fortes
que l'aveu positif pour opérer la conviction. Tels sont
l'éducation, les soins donnés à l'enfant, en un mot ce
qu'on appelle le traitement. »

M. Demante va même plus loin. Je ne sais pas pourquoi, dit-il, on n'accorderait pas à l'aveu exprès ou tacite
de la mère l'effet de valider en la confirmant la déclaration de maternité faite dans l'acte de naissance, par la
personne qui a présenté l'enfant à l'état civil. Les circonstances dans lesquelles intervient ce témoignage offrent
une garantie de sincérité telle qu'il ferait foi entière
s'il s'agissait de filiation légitime (Demol. T. II, p. 119). »

Le législateur n'a admis la recherche de la maternité
qu'en la surbordonnant à une condition qui ne pourra le
plus souvent être remplie : le code exige que l'enfant ait un
commencement de preuve par écrit, et que cet écrit émane de la mère. « Or, dans quelle classe de la société se
recrutent les malheureuses victimes des passions hu-
maines? Elles sortent, dit M. Laurent, généralement des
rangs où l'ignorance règne avec l'immoralité. Donc en
définitive la filiation des enfants naturels dépend du bon
vouloir de leurs père et mère. C'est méconnaître les droits
de l'enfant, alors que le législateur devrait venir à son aide pour forcer ses parents à remplir les devoirs qu'ils ont
contracté en lui donnant le jour. Combien de mères

ignorent ce que c'est qu'une reconnaissance, croient qu'il
suffit que l'enfant soit inscrit sous leur nom dans l'acte
de naissance pour qu'il leur appartienne bien aux yeux de
la loi et qui se marient sans songer à reconnaître l'enfant
dans l'acte de célébration, et cela, non seulement dans
les classes indigentes, mais même dans les classes aisées.
On comprend assez facilement qu'un enfant peut ne
pas avoir de père connu, mais il est plus difficile pour
ceux qui ne sont pas rompus aux subtilités juridiques, de
comprendre qu'il peut également ne pas avoir de mère !
De là la croyance généralement répandue que le père
d'un enfant naturel doit le reconnaître formellement pour
en être le père, tandis que la mère, dont le nom a été
indiqué dans l'acte de naissance, par l'auteur de la déclaration n'a pas besoin de confirmer cette indication.

La solution que nous adoptons est toutefois vivement
contestée par quelques auteurs : d'après eux, l'article 335
n'est pas assez précis pour en faire sortir une dérogation
si grave au principe essentiel en la matière, que l'enfant
naturel ne peut être reconnu que par acte authentique. Ils
prétendent appuyer leur théorie sur les travaux préparatoires du Code ; on ne comprenait pas d'abord au conseil d'état, dit Marcadet, qu'un homme pût reconnaître un
enfant sans indiquer la femme de laquelle cet enfant était
né, et on pensait qu'une reconnaissance faite par le père
sans l'indication de la mère ou même avec une indication
non avouée par elle, ne devait produire aucun effet, même
à l'égard du père. On trouva plus tard qu'exiger l'aveu
de la mère pour donner effet à la reconnaissance vis-à-
vis du père, c'était trop, et on arriva à dire que la re-

connaissance ne serait dénuée de tout effet que quand il
y aurait désaveu formel de la part de la mère. On criti-
qua encore cette rédaction ; on comprit que la reconnaissance étant un fait tout personnel à celui qui la consent,
il était inutile de parler du point de savoir s'il y avait
aveu ou désaveu de la mère et l'article fut définitivement
ramené à cette disposition plus simple et plus logique :
« La reconnaissance d'un enfent naturel n'aura d'effet
qu'à l'égard de celui qui l'aura reconnu. » « C'est dans
« ces termes, ajoute Marcadé, que l'article fut adopté et
« commmuniqué au tribunat qui n'éleva aucune criti-
« que sur sa rédaction ; et si plus tard, au milieu de cette
« phrase équivalente : « la reconnaissance du père... n'a
« d'effet qu'à l'égard du père, » on intercale ces mots :
« sans l'indicaton et l'aveu de la mère, c'est pour mieux
« faire comprendre que, même avec l'indication de la
« mère, mais sans son aveu positif et légalement cons-
« taté, la reconnaissance n'a aucun effet vis-à-vis de cette
« mère » (Marcadé, II. Tit. VII, art. 336).

Mais c'est trancher la question, par la question : « c'est
pour mieux faire comprendre qu'il faut un aveu positif et
légalement constaté. » Mais c'est justement là ce qu'il s'a-
git de démontrer, l'article 334 posait le principe de la nécessité d'un acte authentique, pour toute reconnaissance
non faite dans l'acte de naissance, l'article 336 vient dé-
roger à cette disposition à l'égard de la mère, en disant
que lorsque elle aura été désignée par le père comme la
mère de l'enfant, et qu'elle aura par son aveu, confirmé la
déclaration du père, il n'y aura plus besoin d'un acte authentique. Pourquoi le législateur, s'il n'avait pas voulu

établir une particularité en ce qui concerne la reconnaissance faite par le père, n'a-il pas conservé la rédaction qu'on avait proposée : « la reconnaissance n'a d'effet qu'à l'égard de celui qui l'a faite ? » Où est cette particularité dans le système de nos adversaires? On la voit au contraire clairement dans le nôtre, elle consiste en ce que l'indication de la mère, faite par le père dans l'acte de reconnaissance et confirmée par l'aveu de celle-ci suffit pour établir la filiation maternelle de l'enfant ; tandis que l'indication du père, faite par la mère, fût-elle confirmée par un aveu tacite ou exprès du père, ne suffit pas pour prouver la filiation paternelle de l'enfant : différence d'ailleurs assez facile à expliquer dans le système du Code civil qui interdit la recherche de la paternité tandis qu'il admet celle de la maternité : Pourquoi ne pas admettre que le législateur ait eu assez de clairvoyance pour prévoir ce qui se passerait le plus souvent? (Proudhon, T. II, p. 100) Est-ce que les soins que la mère donne à ses enfants, aux yeux de tous, l'amour qu'elle leur porte, ne valent pas autant qu'une reconnaissance faite dans les formes exigées par la loi?

On comprend quelle est l'importance de l'interprétation de cet article au point de vue du sujet qui nous occupe. En effet, un individu reconnaît, un enfant naturel, dans son acte de naissance même : Il indique en outre le nom de la mère : celle-ci, se contente d'élever ses enfants, de les entourer de soins, en un mot d'agir comme une mère légitime agirait, ne se croit pas obligée de confirmer par une déclaration solennelle. l'indication que le père a faite de sa maternité. Plus tard le père et la mère se marient, peut être dans le seul but de légitimer cet enfant.

Le mariage est célébré : quelle qualité devrons-nous attribuer à l'enfant? Pour nos adversaires, l'enfant sera ce qu'il était auparavant : enfant naturel reconnu par son père et enfant non reconnu par sa mère. Car, d'après eux, l'indication du nom de la mère n'a aucun effet. Et cette situation est irrévocable : la reconnaissance faite postérieurement au mariage par la mère ne fera qu'établir entre elle et son enfant les liens qui existent entre une mère et un enfant naturels. Pour nous, l'indication de la mère faite dans l'acte de naissance, confirmée par son aveu, et nous allons voir que cet aveu peut résulter de toute sorte de faits, équivaut à une reconnaissance : et nous considérons l'enfant comme ayant une filiation établie d'une façon certaine à l'égard de sa mère aussi bien que de son père, comme reconnu par l'un et l'autre, et conséquemment comme légitimé par le mariage de ses auteurs.

Les magistrats placés en présence des faits ont, sans hésiter, adopté le système le plus favorable à l'enfant naturel. Non seulement la jurisprudence admet l'aveu fait dans un acte sous seing privé, et qui peut permettre la recherche de la maternité, mais elle admet également l'aveu tacite : dès lors, si la mère traite l'enfant comme lui appartenant, elle reconnaît par là même sa maternité. Ce n'est pas la possession d'État que l'on invoque, dit la Cour de Bordeaux; la filiation résulte de l'acte de reconnaissance du père, où le nom de la mère est indiqué; la mère s'approprie la reconnaissance en traitant l'enfant comme sien. Pourquoi priver l'enfant du bénéfice de la légitimation, quand l'ensemble des faits ne laisse aucun doute sur sa filiation ? (Cass. 26 avril 1824. — Paris, 15 déc. 1834. — Paris, 20 avril 1839. — Grenoble, 12 déc. 1850. — Cass., 7 janvier 1852. — Bordeaux, 11 mars 1853. — Paris, 21 nov. 1853. — Cass., 26 mars 1866. — Trib. de la Seine, 1re chambre, 18 juin 1867.— Cass., 30 nov. 1868. — 1re chambre Trib. de la Seine, 27 juillet 1886).

Il a été jugé en ce sens : 1° que, lorsque le père d'un enfant naturel a désigné le nom de la mère dans l'acte de naissance, le simple aveu de celle-ci, suffit pour constituer de sa part, la reconnaissance de sa maternité; qu'il n'est pas nécessaire que cet aveu soit fait par acte authentique; 2° qu'un enfant naturel est réputé légalement reconnu par sa mère lorsque le père a déclaré, dans l'acte de naissance, que l'enfant est né de lui et de cette femme qu'il a désignée, si à l'égard de celle-ci, cette déclaration est confirmée par les soins maternels qu'elle a donnés à l'enfant, si celui-ci a continué à jouir d'une possession d'état conforme à son acte de naissance; ainsi par exemple, un enfant naturel reconnu expressément dans son acte de naissance par son père, qui a désigné telle femme pour la mère, est légitimé par le mariage de ses père et mère, malgré le défaut de reconnaissance formelle de la part de la mère dans l'acte de mariage, si l'enfant a joui d'une possession d'état conforme à son acte de naissance antérieurement et postérieurement au mariage, cette possession d'état, antérieure au mariage, supplée à l'égard de la mère, à la déclaration formelle exigée par la loi; 3° que la reconnaissance du père, avec l'indication mais sans l'aveu de la mère, a effet, même à l'égard de celle-ci, lorsqu'elle a ultérieurement avoué cette reconnaissance; et qu'aucune preuve spéciale n'est prescrite pour la validité de cet aveu, qui peut résulter suffisamment des soins donnés par la mère à son enfant. (Dalloz, *Jurisprud. génér. légitimation*).

D'après M. Demante, ainsi que nous l'avons vu plus haut, on devrait accorder la même foi à l'indication de la mère par les personnes qui ont assisté à l'accouchement et décider de même quand cette indication a été confirmée par l'aveu de la mère, qu'elle peut légalement prouver la filiation maternelle.

La Cour d'Alger a consacré cette doctrine par un arrêt du 26 mars 1860, mais la Cour de cassation ne l'a pas suivie dans cette voie. L'article 336, dit-elle est, une exception à la règle générale des articles 334 et 341, qui exigent une reconnaissance par acte authentique ou une recherche judiciaire, appuyée sur un commencement de preuve par écrit. Or, les exceptions doivent être rigoureusement restreintes au cas pour lequel elles sont édictées. L'article 336 exige que le père ait reconnu l'enfant; il faut donc que l'indication de la mère émane du père et trouve sa garantie dans la reconnaissance que lui-même fait de l'enfant (Cass., 13 avril 1864).

§ II. — *Du mariage.*

Le mariage, pour opérer la légitimation, doit être régulier, c'est-à-dire contracté suivant les formes et les conditions prescrites dans le titre V du Livre 1 intitulé du mariage. Il doit en outre, être postérieur à la naissance de l'enfant, cela résulte des expressions nés hors mariage et mariage subséquent employés dans l'article 331.

L'article 6, de l'ordonnance de 1639, et l'édit de mars 1697, dépouillaient de tous effets civils les mariages *in extremis* et les mariages secrets. On entendait par mariages *in extremis* ceux contractés à une époque ou l'une des parties est atteinte d'une maladie qui la met en danger de mort et dont elle meurt réellement ; et par mariages secrets ou clandestins, ceux tenus secrets jusqu'à la mort de l'un des conjoints. Il ne faut pas confondre, d'après les principes maintenant admis par le Code, le mariage secret avec le mariage clandestin ; ce dernier est le mariage dont la célébration a été dépourvue de toute publicité ; le mariage secret, au contraire, est celui qui contracté régulièrement, avec la publicité requise, est ensuite, pour certains motifs, dissimulé par les époux, et tenu secret. Le mariage clandestin est seul, frappé d'une nullité, qui est laissée à l'appréciation des tribunaux. La publicité, en effet, est un fait complexe, dont un ou plusieurs éléments peuvent faire défaut, sans que pour cela le mariage contracté de bonne foi, soit annulable. Tel serait le cas ou le mariage, au lieu d'être célébré dans la maison commune, l'aurait été dans le domicile des parties ; ce cas se présente presque toujours dans les mariages *in extremis*.

Le projet du Code contenait cette disposition : « Le mariage contracté à l'extrémité de la vie entre deux personnes qui auraient vécu en concubinage, ne légitime pas les enfants nés avant le mariage. » La section de législation avait proposé cette exception, dans la crainte que la facilité de légitimer les enfants au dernier moment de la vie, ne favorisât le dérèglement des mœurs, et ne portât à l'oubli du mariage. Berlier fit observer que le concubinage n'était pas une affaire de calcul. Il faut, dit-il, prendre les hommes tels qu'ils sont ; celui que ses passions auraient entraîné au concubinage, n'en sera pas détourné, par ce que la loi refusera de légitimer les enfants. Mais s'il a des enfants et que sa fin approche, s'il a quelque honnêteté, il voudra réparer sa faute. Qu'y a-t-il d'immoral à le laisser faire? C'est au contraire la loi qui serait immorale, si elle mettait obstacle à cette œuvre de réparation.

Sur ces observations, la mesure proposée fût reconnue impuissante, et l'article fut supprimé. Il n'y a plus aucun doute maintenant que les mariages *in extremis*, aussi bien que les mariages secrets, quand ils ont été précédés des formalités légales, sont parfaitement valables et produisent tous les effets civils du mariage, notamment en ce qui concerne la légitimation des enfants naturels (Dur., t. II, p. 236. Demol., t. III, n° 294 ; t. V, n° 358 ; Aubry et Rau, t. VI, p. 64, note V. Proudh., t. II, p. 165).

D'après les articles 201 et 202, le mariage qui a été déclaré nul produit néanmoins les effets civils, tant à l'égard des époux qu'à l'égard des enfants lorsqu'il a été contracté de bonne foi. Si la bonne foi n'existe que de la part de l'un des époux, le mariage ne produit ses effets qu'en faveur de cet époux et des enfants issus du mariage, mais que décider à l'égard des enfants naturels, seront-ils légitimés par un semblable mariage ?

Une seule condition suffit pour constituer un mariage putatif, la bonne foi des époux ou de l'un d'eux existant au moment de la célébration du mariage. Cette bonne foi suffit-elle pour faire appliquer, même aux enfants incestueux ou adultérins, dont l'article 331 prohibe la légitimation, les règles relatives au mariage nul contracté de bonne foi ?

Cette question, après avoir été vivement controversée dans l'ancien droit a été tranchée, par les termes absolus des articles 331 et 335.

Les anciens jurisconsultes distinguaient le cas ou un seul des époux était de bonne foi, et celui où tous les deux l'étaient également.

Supposons d'abord que l'un des époux est engagé sciemment dans les liens d'un premier mariage : l'autre est de bonne foi. Leur mariage devra-t-il produire les effets d'un mariage putatif ?

L'affirmative était soutenue par les commentateurs de la coutume de Troyes. Ils se fondaient sur le chapitre « ex tenore » aux Décrétales, titre *qui filii sunt legitimi*. D'après les dispositions de la Décrétale, disaient-ils, la bonne foi de l'une des parties qui a épousé l'autre publiquement, sans savoir que celle-ci fût mariée, suffisait pour rendre les enfants légitimes. La bonne foi de celui qui ignore le mariage de l'autre, dans le cas de relations illicites, doit produire un effet analogue et permettre la légitimation de l'enfant adultérin lorsque le mariage subséquent est devenu possible. Il est certain, en effet,

que le mariage putatif, s'il eût été contracté au moment
même de la conception de l'enfant adultérin, eût rendu
cet enfant légitime, lors de sa naissance. La légitimation
par mariage subséquent, est une fiction qui donne au
mariage un effet rétroactif, au jour de la conception, c'est
donc comme si le mariage eût été contracté au moment
même de la conception ; il doit produire les effets d'un
mariage de bonne foi, c'est-à-dire la légitimité.

On ne doit pas faire de distinction, là ou la loi n'en a
pas fait, répondaient les partisans de l'opinion contraire.
Or, le pape Alexandre III, en prohibant d'une manière
générale la légitimation de l'enfant né du commerce qu'un
homme marié avait eu du vivant de sa femme avec une
autre femme, n'avait pas distingué si la mère, lors des
relations qu'elle avait eues avec le père, savait ou non
qu'il fût marié. La situation n'est, du reste, pas la même
entre la femme qui croit contracter un mariage légitime,
ignorant que l'homme qu'elle épouse est marié, et celle
qui entretient des relations illicites avec un homme qu'elle
croit libre. La première est parfaitement innocente ; elle
est digne de faveur, car elle veut donner naissance à
une famille légitime, et la loi, dans l'intérêt même de la
société, attribue aux enfants issus de ce mariage le titre
et les droits d'enfants légitimes. La seconde, au contraire,
par le fait de ses relations charnelles avec un homme,
commet un acte de fornication ; si elle ne croit pas com-
mettre un adultère, elle sait du moins qu'elle commet un
acte illicite, et elle doit en subir toutes les conséquences,
même celles qu'elle n'a pas prévues. « *Quia, contrahens
matrimonium dat operam rei licitæ*, dit le cardinal de

Palerme, *ideo suâ ignorantiâ excusata ; sed admittens vi-*
rum sine matrimonio, dat operam rei illicitœ ; ideo igno-
rantia sua non est probabilis, nec debet inde consequi prœ-
mium ; et danti operam rei illicitœ imputamus omnia quœ
sequuntur prœter voluntatem suam. »

Il est évident que sous le code, cette question ne peut
même pas être soulevée, l'article 331 est formel et peu
importe que celui des deux qui n'est pas marié, ait été de
bonne foi. L'enfant n'en est pas moins adultérin, puisqu'en lui donnant l'existence, l'un de ses auteurs com-
mettait sciemment un adultère, et sa légitimation n'est
pas permise.

Le père et la mère ont pu être tous les deux de bonne
foi ; par exemple un procès-verbal régulièrement dressé
à la suite d'un événement tel qu'un naufrage, une bataille, a fait croire au décès du conjoint de celui qui est
marié : la situation est sans doute plus favorable. Pothier
décidait que la légitimation, lorsque l'obstacle résultant du
mariage avait cessé, pouvait avoir lieu. Il se fondait sur ce
qu'il n'y avait plus alors d'adultère, parce que l'intention
criminelle, élément essentiel du délit, faisait défaut. Mais
cette raison, applicable au droit criminel, ne peut avoir
aucune influence sur les effets civils, attachés aux circonstances, qui ont accompagné la conception de l'enfant. Le
défaut d'intention, fait absolument personnel à celui qui
est engagé dans les liens du mariage, peut bien empêcher
qu'il ne soit condamné pour adultère sur la plainte de son
conjoint, mais le défaut d'intention n'enlève pas aux relations, qu'il a eues avec un autre que son conjoint, leur
caractère adultérin. Ce caractère résulte de l'existence

seule du mariage, au moment ou les relations ont pris naissance, et les termes de l'article 331 sont absolus.

La question est beaucoup plus difficile, lorsqu'il s'agit d'enfants simplement naturels. Supposons qu'à l'époque de la conception des enfants nés avant le mariage, les père et mère aient été tous les deux libres de tout engagement matrimonial, libres aussi de tout lien de parenté, et qu'ainsi les enfants ne soient ni adultérins ni incestueux, seront-ils légitimés par un mariage putatif?

Suivant nombre d'auteurs, la question doit être résolue dans le sens affirmatif, l'enfant est légitimé par le mariage putatif. Suivant eux, l'article 201 est général, et pose comme principe que le mariage qui a été déclaré nul, doit à raison de la bonne foi, être réputé valable. Or, si le mariage était valable, il légitimerait l'enfant naturel ; donc il doit le légitimer. Il doit produire tous ses effets, tant à l'égard des époux qu'à l'égard des enfants, sans qu'il y ait lieu de distinguer, entre les enfants nés de ce mariage et ceux nés antérieurement. Le législateur parle des effets du mariage putatif dans deux textes, l'article 201 et l'article 202. Dans l'article 201, il détermine les effets généraux du mariage putatif ; dans l'article 202, il est vrai, il n'est fait mention que des enfants issus du mariage, mais cet article a un but spécial ; il est dirigé contre l'époux de mauvaise foi non contre les enfants. Quel est celui des deux articles qui a le plus de valeur, quand il s'agit de préciser des effets du mariage putatif? L'article 201 évidemment ; car dans ce texte où il s'est proposé pour but principal de déterminer les effets du mariage putatif, le législateur a dû

peser plus scrupuleusement ses expressions que dans
l'autre où il ne nous parle de ces effets qu'incidemment.
Or, si dans l'article 202, le législateur, statuant *de eo quod
plerumque fit*, et se servant par suite de termes purement
énonciatifs, paraît restreindre les effets du mariage putatif aux enfants qui en sont issus, il dit, au contraire, dans
l'article 201, d'une manière générale que le mariage putatif produit ses effets à l'égard des enfants, de tous sans
distinction. En tout cas, et en supposant que l'argument
tiré de l'article 201 ne soit pas plus puissant que celui
tiré de l'article 202, il le contrebalancerait tout au
moins, et alors on aurait le droit de se demander pourquoi le mariage putatif produirait tous les effets civils du
mariage, excepté celui dont il s'agit. Ce serait d'autant plus
injustifiable, que les époux se sont peut-être mariés précisément pour légitimer leurs enfants, auquel cas, la légitimation était de tous les effets civils du mariage, celui
dont ils se préoccupaient le plus. Et ce serait précisément
celui que le mariage ne produirait pas. Il faut ajouter à
cela que d'après l'article 202 comme d'après l'article 201,
le mariage putatif produit tous les effets civils d'un mariage valable à l'égard des époux. S'ils sont tous deux de
bonne foi, ou de celui des époux qui est de bonne
foi. Or, le mariage ne produirait pas tous ses effets civils
s'il ne légitimait pas les enfants. Entendus ainsi, les articles 201 et 202, sont conformes à l'article 333, d'après
lequel, les enfants légitimés par le mariage subséquent
des père et mère, sont censés nés du mariage. L'article
198 ne parle également que des enfants issus du mariage ; personne, néanmoins, ne soutiendra que cet arti-

11

cle ne soit pas applicable aux enfants naturels, et que
l'inscription de ce mariage sur les registres de l'état civil
ne légitime pas ceux reconnus antérieurement (Dur. t. II,
n° 356. — Demol. t. III, n°s 364-366. — Marc. art. 201 et
202. — Aubry et Rau, t. VI, p. 65, note 6.

Le mariage putatif, répondent les partisans du système
contraire, n'a pas le pouvoir de légitimer les enfants
même simplement naturels. L'argument tiré de l'article
198 ne résiste pas à un examen un peu sérieux. Cet article est relatif, non à la célébration même du mariage,
mais seulement à la preuve de cette célébration. Il est
naturel que cette preuve faite produise ses effets à l'égard
de tous ceux qui y ont intérêt; l'article 199 le confirme,
et tout le monde est d'accord sur ce point. L'enfant naturel reconnu, qui, à l'aide de la décision judiciaire, prouve
la célébration du mariage, doit donc jouir de la légitimation qui est la conséquence de cette célébration. L'hypothèse de l'article 198 n'a aucun rapport avec celle de l'article 201 qui est relatif au mariage même et non à la
preuve qui doit en être fournie. L'article 201 introduit en
faveur du mariage putatif une exception considérable aux
principes généraux du droit, suivant lesquels un acte nul
ne peut produire aucun effet. Il doit donc être restreint
dans les limites que le législateur a déterminées et ne
pouvoir être invoqué que par ceux qui sont indiqués d'une
manière spéciale. L'article 202 le suit et le complète. Ce
dernier en effet n'a pas seulement en vue l'époux de mauvaise foi; il était nécessaire de déterminer, comme le
fait l'article 201, pour le cas où les deux époux sont de
bonne foi, au profit de qui, si la bonne foi n'existe que de

la part d'un seul des époux, le mariage produira ses effets « à l'égard de l'époux de bonne foi et à l'égard des enfants », nous dit l'article 201 ; mais à l'égard de quels enfants ? l'article 202 le précise : « A l'égard des enfants issus du mariage. » Il ne peut donc être appliqué aux enfants issus antérieurement. Il suffit qu'il ne les ait pas désignés pour que ceux-ci ne puissent invoquer le bénéfice de l'exception et prétendre qu'ils seront légitimés. Il n'est pas possible de scinder l'idée qui a présidé à la confection de ces ·deux articles ; donc dans l'article 201 comme dans l'article 202, il ne s'agit que d'enfants issus du mariage ; si l'on ne veut voir là-dedans un argument décisif, tout au moins faut-il avouer qu'il y a là une preuve qu'en rédigeant ces articles, le législateur ne songeait qu'à ces enfants. D'ailleurs la légitimation est une faveur que la loi a attachée au mariage, mais qui n'en est pas la suite comme la légitimité des enfants qui en sont issus. On comprend donc que dans l'intérêt des familles, des bonnes mœurs, de l'ordre social, cette faveur ait été attachée au mariage seul, et non à ce qui n'en est que l'apparence. Le mariage même nul, les enfants auxquels il donne naissance créent de nouveaux liens, de nouveaux intérêts dont le législateur doit se préoccuper.

Du reste, le motif même qui a fait édicter les articles 201 et 202, plaide en faveur de cette opinion. Quel était ce motif ? C'est que le législateur trouvait trop rigoureux de traiter les mariages nuls, comme les unions illicites. Ce motif indique dans quelles limites doit être renfermée, la faveur accordée à la bonne foi. Mettons en parallèle les enfants issus du mariage putatif et les enfants nés anté-

rieurement. A l'égard des premiers, l'époux de bonne foi
peut dire : « Si j'avais connu la cause de nullité de
mon mariage, je ne me serais pas marié et je n'aurais
pas donné le jour à ces enfants : est-il juste de les assimiler aux fruits d'un commerce illicite, eux dont la naissance n'a pas été le résultat d'une faute? » Il en est tout
autrement des enfants nés avant le mariage. Si le père
se plaignait qu'ils ne fussent pas légitimés, on pourrait
lui répondre : la bâtardise de ces enfants n'est pas le résultat d'un mariage nul que vous auriez contracté de
bonne foi ; elle est le résultat d'une faute que vous avez
commise antérieurement. Si cette faute n'a pas été répa-
rée par le mariage, c'est qu'il existait un empêchement à
ce mariage, qui la rendait irréparable. Par ignorance de
cet empêchement, vous vous êtes marié, la loi ne doit
pas vous en punir, et les enfants que vous aurez de ce
mariage seront légitimes ; mais votre ignorance ne doit
pas être un mérite aux yeux du législateur ; par conséquent vous n'avez aucun droit à une faveur exception-
nelle ; vos enfants resteront donc ce qu'ils étaient avant
votre mariage, et ce qu'ils seraient encore, si ayant
connu l'empêchement, vous ne vous étiez pas marié.
« La loi, dit d'Aguesseau, récompense l'innocence telle
qu'elle se trouve dans celui qui contracte de bonne foi, et
par erreur de fait ; mais que la loi récompense une personne qui a voulu mal faire, parce qu'elle a cru faire un
moindre mal, c'est ce qui ne peut être écouté » (d'Agues.
t. IV, p. 277).

D'après nous, la première opinion est préférable, en y
apportant toutefois ce tempérament, que le mariage puta-

tif ne pourra légitimer les enfants naturels adultérins ou
incestueux. Il peut et doit produire tous les effets qui
seraient attachés à un mariage valable, mais il ne peut
en produire davantage. Or, un mariage valable ne légitime pas les enfants adultérins ou incestueux, même
quand les époux étaient de bonne foi au moment de la
conception : la loi ne tient pas compte de la bonne foi des
concubins pour effacer la tache originelle dont sont souil-
lés les enfants.

CHAPITRE III

QUELS ENFANTS PEUVENT ÈTRE LÉGITIMÉS?

« Les enfants naturels nés hors mariage autres que ceux nés d'un commerce incestueux ou adultérin, pourront être légitimés par le mariage subséquent de leurs père et mère, » dit l'article **331**.

La légitimation ayant pour objet, de faire considérer les enfants légitimés comme nés dans le mariage, il est nécessaire pour que la fiction réponde à la vérité, et l'effet à la cause : 1° Que les enfants soient issus des deux personnes qui s'unissent ; 2° qu'ils ne soient pas nés d'un commerce adultérin ou incestueux.

Pour apprécier la qualité d'un enfant illégitime, pour savoir s'il est naturel simple, adultérin ou incestueux, il faut se reporter à l'époque de sa conception : il faut rechercher quelle était la nature du commerce de ses parents, lors de la procréation, et suivant la situation, dans laquelle ils se trouvaient alors, on reconnaîtra à l'enfant naturel une des trois qualités ci-dessus énoncées.

Ainsi Primus, marié avec Prima, a au cours de son mariage, un enfant d'une concubine. Il ne pourra pas, après la dissolution de son mariage, légitimer l'enfant en épousant la mère. En effet de deux choses l'une. Ou cet enfant est né des œuvres de Primus.

Et dans ce cas, il est adultérin : il ne peut être reconnu ni légitimé ; ou bien au contraire Primus n'en est pas le père, et l'enfant ne pourra être légitimé davantage, parce qu'il n'est pas né des deux époux.

La circonstance que la naissance n'ait été constatée qu'après la mort de Prima, c'est-à-dire, à un moment où ses père et mère étaient libres de tout lien, ne change rien au principe. Lorsque des parents, n'ont pas présenté l'enfant dans ¡es délais déterminés par la loi, pour le faire inscrire plus tard, au moment où ils seront devenus libres de s'unir, cette fraude faite à la loi, ne saurait servir de motif à une autre fraude : l'enfant restera toujours avec le vice de sa naissance.

Voyons quelques autres applications : **Prima meurt** ; la concubine de son mari, enceinte de ses œuvres, accouche le 180e jour après la dissolution du mariage, l'enfant sera naturel simple ; car en plaçant sa conception à la limite extrême de la période légale, c'est-à-dire au 180e jour avant sa naissance on trouve qu'elle est postérieure à la dissolution du mariage de son père. Si au contraire l'enfant était né la veille, il serait nécessairement adultérin. De même, naîtra encore naturel simple, l'enfant qui naîtra, du commerce de Primus et d'une concubine, le trois centième jour au plus tard après le mariage de Primus avec une autre ou plus tôt, car en le supposant né à l'extrême limite du terme le plus long que la loi assigne à la gestation, sa conception remonte à une époque antérieure au mariage ; mais si l'enfant est né plus de trois cents jours après cette célébration, il est nécessairement adultérin.

Nous supposons dans ces exemples, que les présomptions établies par la loi pour déterminer l'époque de la conception s'appliquent à la filiation naturelle comme à la filiation légitime. Telle est en effet l'opinion commune.

D'après M. Laurent, la rigueur des principes devrait faire décider que des présomptions légales ne peuvent jamais s'étendre, fût-ce par motif d'analogie ; que les présomptions ne sont pas, dans l'espèce, invoquées par un enfant légitime, mais par un enfant naturel, et qu'elles n'ont été écrites que pour les enfants légitimes. Mais c'est, pour ainsi dire, presque à regret, que lui-même formule cette opinion, et on admet généralement que le code s'en réfère, en matière de filiation naturelle, à moins d'une dérogation, formelle ou résultant de l'essence même de cette filiation, aux règles générales posées dans les chapitres I et II, relatifs à la filiation légitime. Or le chapitre III ne contient aucune dérogation semblable, et les principes essentiels de la filiation naturelle s'opposent si peu à ce que les règles de la conception et de la grossesse soient applicables aux enfants naturels, que l'enfant désavoué conformément à ces règles, est nécessairement rangé dans la classe des enfants naturels.

L'article 335 refuse formellement le bénéfice de la légitimation par le mariage subséquent de leure père et mère, aux enfants nés d'un commerce adultérin ou incestueux. Mais que décider lorsque l'enfant, issu d'un tel commerce, naît après la célébration du mariage que ses père et mère ont contracté?

La solution de cette question n'est que la conséquence d'une autre qu'il nous faut d'abord étudier.

Dans quelle classe devons-nous ranger l'enfant conçu avant, mais né après le mariage. Quelle est la condition de cet enfant? Si l'on ne considérait que l'article 312, on le déclarerait enfant naturel; car c'est uniquement aux enfants conçus dans le mariage que cet article applique le bénéfice de la présomption « *pater is est...* » et par suite le bienfait de la légitimité. Mais l'article 314 étend la même faveur aux enfants qui, quoique conçus avant, naissent pendant le mariage. Il résulte en effet de ses termes, que c'est par l'action en désaveu que le mari doit agir : or l'action en désaveu, c'est l'action en dénégation de filiation légitime ; elle suppose donc nécessairement un enfant né sous le bénéfice de la présomption : « *pater is est...* » et qui est par conséquent en possession de l'état d'enfant légitime.

Mais naît-il avec le bénéfice de la légitimité proprement dite? N'est-ce pas plus tôt le bienfait de la légitimation que la loi lui confère de plein droit? En d'autres termes, la loi n'a pu considérer l'enfant dont il s'agit comme légitime qu'au moyen d'une fiction, puisqu'il a été conçu en dehors du mariage et que la vraie légitimité n'appartient qu'à l'enfant né du mariage, c'est-à-dire à l'enfant conçu pendant le mariage, et non à l'enfant né en mariage et conçu en dehors. Reste à savoir quelle est cette fiction ; cette question a une très grande importance : si l'enfant est légitime, sa légitimité ne peut être attaquée que par l'action en désaveu : le mari ou ses héritiers peuvent seuls intenter cette action, dans les délais et sous les conditions des articles 314, 316, 317 du Code civil. Si, au contraire, il est simplement légitimé, les articles 331

et 335 qui interdisent la reconnaissance et la légitimation des enfants naturels adultérins ou incestueux sont
applicables.

D'après la majorité des auteurs, cette fiction ne serait
autre que celle de la légitimation. En effet, la légitimité
proprement dite ne peut résulter que de la conception
pendant le mariage, l'article 312 est formel; or l'enfant
dont s'agit a été conçu hors du mariage; donc il n'est
point légitime. En fait, il a été naturel jusqu'au jour de
la célébration du mariage de ses père et mère : ce n'est
qu'à partir de ce moment, et par le fait du mariage qu'il
a été élevé au rang d'enfant légitime. Il en est de même
de l'enfant né avant le mariage; il est légitimé par la célébration du mariage. Une seule différence existe entre
l'enfant conçu avant et né après le mariage, et l'enfant
né avant le mariage : ce dernier existe, il a la qualité
d'enfant naturel; il faut un acte formel pour la lui faire
perdre, et lui attribuer un nouvel état civil; de là la nécessité d'une reconnaissance antérieure au mariage ou
insérée dans l'acte même de célébration. L'enfant simplement conçu n'a pas encore d'existence réelle, il n'est
pas une personne, et la loi jusqu'à sa naissance n'a pas
à s'occuper de lui. Or cette naissance a lieu pendant
le mariage, l'enfant doit donc être réputé né des œuvres
du mari; il est légitimé de plein droit par le mariage
sans qu'une reconnaissance formelle soit nécessaire; il
suffit que le père ne le désavoue pas. Sauf cette différence de détail, les deux légitimations sont régies absolument par les mêmes règles.

Il n'est peut-être pas tout à fait exact de placer l'enfant

dont il s'agit sur la même ligne qu'un enfant simplement
légitimé par le mariage subséquent de ses père et mère.
En effet la loi n'applique la qualification d'enfant légitimé, qu'à celui qui a vécu dans la société en qualité d'enfant naturel, et qui n'est devenu légitime que postérieurement à sa naissance ; mais d'un autre côté, il est aussi
difficile d'assimiler complétement l'enfant dont nous parlons, à l'enfant conçu et né pendant le mariage. En effet,
la légitimité de ce dernier étant le résultat de l'existence
réelle du mariage, lors de sa conception, n'est subordonnée à aucune autre condtion : Les effets en remontant
au jour de la conception, l'enfant n'en peut être privé
que dans les cas exceptionnels, où le désaveu est admis
aux termes des articles 312 et 313. La légitimité du premier, au contraire, n'étant que le produit d'une fiction,
est subordonnée à la possibilité de cette fiction ; les effets
n'en remontant qu'au jour du mariage l'enfant peut, en
général, en être privé par un désaveu pur et simple, qui
n'est soumis à aucune condition ni justification, et qui
ne cesse d'être recevable que dans les cas exceptionnels
indiqués par l'article 354.

Le système de la légitimité absolue a été cependant
adopté par M. Demolombe (V. 57 à 63). D'après lui il
n'est fait aucune distinction dans la loi, entre les enfants
conçus pendant, et ceux conçus avant le mariage ; la naissance est le seul fait, auquel le législateur se soit attaché
pour attribuer à l'enfant la qualité de légitime. Pour soutenir son opinion, M. Demolombe s'appuie sur les travaux
préparatoires du code. Il cite ces paroles prononcées par
Portalis au Conseil d'Etat ; « le caractère de la légitimité

est propre à l'enfant qui naît pendant le mariage qu'il ait été conçu avant ou après. » — « C'est, ajoutait Regnault de Saint-Jean-d'Angély, la naissance de l'enfant, et non sa conception qui fait son titre ; l'enfant conçu avant le mariage et né après, est légitime, si le père ne réclame pas. » Les rédacteurs du code n'ont pas eu d'autre pensée. Cela résulte en effet de la Rubrique du chapitre I ainsi conçue : De la filiation des enfants légitimes ou nés dans le mariage.

Mais cette doctrine se réfute elle-même par ses propres conséquences. M. Demolombe en effet, admet avec nous que l'enfant né avant le 186e jour du mariage, serait sans droit à réclamer une part dans les successions, ouvertes avant le mariage. Car pour être héritier d'une personne, il faut d'abord être conçu au moment où elle meurt (art. 725) et de plus être son parent légitime. (art. 756). Or s'il est vrai qu'en fait l'enfant était, conçu au moment de l'ouverture de la succession, il est également vrai qu'il n'était pas alors légitime. Pour sauver cette conséquence, M. Demolombe dit que l'enfant n'est réputé conçu que depuis le mariage, mais une pareille présomption est complétement inadmissible, puisque elle est contraire à la nature des choses, et aux dispositions de la loi. En effet, la légitimité, c'est le résultat de la réalité (certaine ou présumée, peu importe) d'une conception accomplie, pendant le mariage. Si M. Demolombe admet comme accomplie le jour du mariage et immédiatement après la célébration, une conception qu'il sait très bien être réalisée auparavant, il a recours à une fiction qui se confond avec la légitimation, car l'effet de cette dernière

c'est justement de faire considérer comme nés depuis le
mariage de leurs père et mère, des enfants qui étaient
nés auparavant. Or il est bien clair que si l'enfant naît
avant le cent quatre vingtième jour du mariage, c'est à
dire, avant l'échéance, à compter de la célébration du
minimum admis par la loi (quand il naît, par exemple, dès
le lendemain du mariage), il est bien clair que c'est par
fiction que la conception se place dans le mariage. la loi
n'admet pas, ne peut pas présumer une gestation de
vingt-quatre heures.

En vain, dit-on, pour justifier l'assimilitation absolue
de l'enfant, né pendant le mariage, mais conçu auparavant,
à l'enfant né et conçu pendant le mariage, que le premier
ne peut, comme le second, être privé de son état d'enfant
légitime que par un désaveu et non par une simple contestation de légitimité. Cette argumentation repose sur
une confusion manifeste entre la question de paternité et
celle de légitimité: nous allons le voir en traitant la
seconde question.

Quelle est la condition de l'enfant, issu d'un commerce adultérin, et né dans le mariage de ses auteurs?

Cette questi n se résout différemment suivant que l'on
adopte l'un ou l'autre des systèmes, que nous venons de
développer, et suivant que l'on admet que c'est à
l'état de choses existant au moment de la naissance de
l'enfant ou à celui existant lors de sa conception qu'il faut
s'attacher. pour voir s'il est ou non adultérin. Pour ceux
qui admettent la première idée, l'enfant dont la conception a été adultérine, sera néanmoins légitime, s'il naît
après le mariage de ses père et mère; il aurait été en-

fant naturel simple, s'il était né avant ce mariage, mais dans un moment où ses père et mère étaient libres. Pour ceux qui soutiennent la seconde idée, cet enfant naîtra adultérin dans tous les cas. » La tache est contractée par la conception, dit Furgole, et le mariage subséquent ne peut point la laver ni la purifier. »

D'après le premier système, l'enfant qui n'est que conçu, n'a point d'existence propre ; il ne compte point encore pour une personne aux yeux de la loi, qui par conséquent, n'a point à s'en occuper. Ce n'est que par sa naissance qu'il prend rang dans la vie civile, or dans notre espèce, la naissance se plaçant dans le mariage doit naturellement et nécessairement participer de sa nature. Comment en effet une cause légitime produirait-elle un effet illégitime ?

Dans certains cas, il est vrai, l'enfant simplement conçu est réputé déjà né ; mais quand la loi s'attache ainsi à sa conception, c'est toujours pour l'investir d'un droit ou d'un titre utile. La fiction « *Infans conceptus pro nato habetur* » est toute dans son intérêt. On ne peut donc la tourner contre lui. Dès qu'elle pourrait lui nuire, on rentre dans la réalité, et la réalité, c'est la naissance (Demol. nos 60 et suiv. Valette. *Exp. Som.*, p. 156).

D'après le second système, au contraire, la règle que les enfants adultérins et incestueux, déjà nés, ne peuvent pas être légitimés par le mariage subséquent de leurs père et mère, s'applique également aux enfants, qui conçus d'un commerce adultérin ou incestueux, naissent pendant le mariage de leurs père et mère.

Mais l'article 314 est formel, dit-on, il ne fait aucune

stinction : l'enfant né avant le cent quatre-vingtième
ir du mariage, qu'il soit issu d'un commerce adultérin
. incestueux, du moment qu'il naît dans le mariage, est
uvert par la présomption : « *pater is est....* » Donc l'en-
nt, issu d'un commerce adultérin, mais né dans le maage de ses auteurs, ne pourra être privé de son état
enfant légitime que par un désaveu. Nous avons vu plus
iut que c'était là un argument invoqué par les partisans
ε la légitimité de l'enfant conçu avant et né après le maage ; nous avons ajouté que cette argumentation repo-
iit sur une confusion entre la question de paternité et
elle de légitimité. En effet, la filiation paternelle d'un
nfant, né dans le mariage, ne saurait, en dehors d'un
ésaveu, formé par son père, ou le cas échéant, par ses
éritiers, être contestée sous aucun prétexte. Mais il ne
ésulte nullement de là que sa légitimité ne puisse être
ombattue que par la voie du désaveu. Que, par exem-
ile, un homme devenu veuf, se remarie deux mois après
a dissolution de son premier mariage, et qu'un mois
près la célébration du second, sa femme vienne à accou-
her, une impossibilité absolue s'opposera à ce que cet
homme soit le père légitime d'un enfant qu'elle aura mis
u monde. La légitimité d'un enfant ne peut être que
l'effet de sa conception pendant le mariage, ou d'une fiction par laquelle la loi suppose que ses père et mère
taient mariés au moment de sa conception. Dans l'espèce, la légitimité de l'enfant qui naît un mois après la
célébration du mariage de ses père et mère n'est certainement que le résultat de la fiction, mais les fictions légales s'arrêtent aux limites de la possibilité légale. Celle

dont il s'agit ici ne pourrait donc plus être invoquée, si tout mariage entre les père et mère avait été impossible au moment de la conception. Cependant la fiction, que la loi a établie en faveur de l'enfant né dans le mariage, ne cesse pas de plein droit. Si personne ne conteste la légitimité de l'enfant dont la conception a été adultérine, mais qui est né après le mariage de ses auteurs, il continuera à jouir du bienfait de la loi à la faveur du silence gardé par les parties intéressées ; mais ce serait un véritable scandale, si l'absence du désaveu de la part du mari, reconnaissant ainsi tacitement sa paternité, devait avoir pour effet de maintenir un pareil enfant dans la position et les droits d'un enfant légitime, malgré la réclamation de ceux qui ont intérêt à se prévaloir de son adultérinité. Qu'on n'objecte pas qu'il y aura contradiction à permettre aux tiers intéressés de contester la légitimité de l'enfant lorsqu'il est adultérin et incestueux et de le leur refuser lorsqu'il est naturel simple : autre chose est de désavouer un enfant naturel parce qu'il n'est pas né des œuvres du mari, autre chose de contester sa légitimité parce que le commerce dont il est né est incestueux ou adultérin. Pour le premier cas, c'est la paternité même qui est en question : on comprend que le mari en soit seul juge, et le cas est réglé par les articles 314, 316 et 317 ; dans le second, la paternité ni la maternité ne sont, au contraire, mises en question. Elles sont reconnues, et c'est la criminalité du commerce du père et de la mère qui est l'objet de la contestation.

Donc en résumé, l'enfant issu d'un commerce adultérin, pendant le mariage de ses auteurs, sera considéré comme légitime, tant qu'aucune réclamation ne se produira ; mais si quelque intéressé veut le priver du bénéfice de la légitimité, il pourra le faire, quel qu'il soit, sans avoir recours au désaveu, par une simple action en contestation de légitimité : car la question ne porte pas, en pareil cas, sur la paternité du père, et en admettant cette paternité, l'illégitimité n'en serait pas moins constante.

Nous adoptons la même solution, pour l'enfant issu d'un commerce incestueux, mais né pendant le mariage de ses père et mère : Un tel enfant sera considéré comme légitime, par cela seul qu'il n'aura pas été désavoué.

Mais que décider dans le cas où l'enfant naît avant la célébration du mariage que ses parents ont pu contracter au moyen de dispenses ? Ainsi un oncle a commerce avec sa nièce ou un beau-frère avec sa belle-sœur ; de ce commerce naît un enfant : Il est incestueux. Les parents obtiennent une dispense pour contracter mariage et se marient après avoir reconnu leur enfant. Cet enfant sera-t-il légitimé. Cette question est très controversée ; il y a lieu de s'en étonner, car elle est décidée deux fois par le texte de la loi. Quelle est d'abord la condition essentielle de la légitimation ? la reconnaissance de l'enfant antérieure au mariage, or, d'après l'article 335, la reconnaissance ne peut avoir lieu au profit des enfants nés d'un commerce incestueux ; de plus, les termes de l'article 331 sont absolus, et s'appliquent sans aucune exception, à tous les enfants incestueux : « pourront être légitimés, y est-il dit, les enfants naturels, autres que ceux nés d'un commerce adultérin, ou incestueux »

Aux termes des articles 161, 162 et 163, le mariage est

12

prohibé en ligne directe, entre tous les ascendants et les descendants légitimes ou naturels, et les alliés dans la même ligne ; en ligne collatérale, entre les frères et les sœurs légitimes ou naturels et les alliés au même degré, enfin l'oncle et la nièce, la tante et le neveu. Ces prohibitions sont de deux sortes, les unes absolues, les autres relatives. Sous l'empire du Code, le chef de l'Etat, avait la faculté d'autoriser, pour les causes graves, le mariage entre l'oncle et la nièce, la tante et le neveu. Cette faculté a été étendue par la loi du 16 avril 1832 aux mariages entre beaux-frères et belles-sœurs.

Nous n'avons pas à nous occuper des prohibitions absolues : le mariage étant la condition *sine quâ non* de la légitimation. Il faut donc, que le mariage soit possible : or, il ne l'est que si l'empêchement né de la parenté ou de l'alliance peut-être levé par une dispense, c'est-à-dire, quand dans l'espèce, il y a eu commerce incestueux entre l'oncle et la nièce, entre le beau-frère et la belle-sœur. Dans les autres cas de parenté et d'alliance, il ne peut y avoir de dispense, donc pas de mariage, donc pas de légitimation. C'est dire que l'article 331 ne peut recevoir d'application qu'au cas où un enfant est né du commerce de l'oncle avec sa nièce, du beau-frère et avec sa belle-sœur où le mariage a eu lieu avec dispense, en d'autres termes que l'enfant conçu incestueux et né avant le mariage que contractent ses parents après avoir obtenu des dispenses, n'est pas légitimé par ce mariage. Si on décide le contraire, on fait dire une niaiserie au législateur ou l'on efface le mot incestueux de l'article 331. On lui fait dire une niaiserie. En effet, la loi dirait : le mariage qu'un

père contracte avec sa fille ne légitime pas les enfants.
qu'ils auraient eus avant de se marier. Pourquoi dire
qu'un pareil mariage ne légitime pas les enfants, alors
qu'il ne peut exister ? Mais alors il faudra effacer le mot
incestueux de la loi, si on ne l'applique pas à l'enfant de
l'oncle et de la nièce, du beau-frère et de la belle-sœur.
Certains auteurs ont été jusque-là. « Le mot incestueux
sera sans objet. Mais qu'importe. s'écrie M. Pont ? Est-ce
que la loi peut être parfaite au point qu'aucune de ses
expressions ne soit inutile ? » (Pont. *Dissert. sur la légit·
des enf. incest. par mar. subs. Revue des Revues de droit.*
t. 1er, p. 209).

La plupart des auteurs se sont donc prononcés contre
la légitimation de l'enfant dont nous nous occupons. Et
en présence des textes formels, il est impossible de résoudre autrement la question. Et cependant cette solution
peut avoir des conséquences bien bizarres et bien re-
grettables ; car enfin, puisque le mariage est permis, que
les mêmes individus vont donner le jour à d'autres enfants qui seront légitimes. et que ce n'a peut-être été
qu'en considération de ceux déjà nés que les dispenses
ont été accordées, il est bien dur de laisser sans famille.
et de mettre au ban de la société, des enfants qui auront
exactement la même origine que ceux qui jouiront de
tous les bénéfices de la légitimité. Un retard dans l'obtention de dispenses pourra faire que tel enfant soit à jamais bâtard incestueux. tandis qu'il eût été légitime, ou
légitimé, si les dispenses étaient arrivées quelques jours
plus tôt. On peut répondre seulement que la possibilité
d'un tel résultat sollicite un changement à l'article 331,

qui le mette plus en harmonie avec l'esprit dans lequel a été conçu l'article 164, relatif aux dispenses de mariages entre parents ou alliés. L'effet de ces dispenses devrait purger le vice de la naissance des enfants, comme il le purgeait jadis ; mais en attendant cette réforme, il faut se soumettre à la loi, quelque dure qu'elle soit. Et d'ailleurs si l'on admet l'enfant incestueux à recevoir le bienfait de la légitimation, quand l'obstacle qui s'opposait au mariage de ses père et mère a été levé par la dispense, pourquoi n'y admettrait-on pas également l'enfant adultérin, quand le mariage de ses auteurs, est également devenu possible par la dissolution du premier lien. Aucun texte législatif ne permet une semblable distinction entre les deux cas.

Les partisans de la légitimation de l'enfant incestueux dont les parents se sont mariés avec dispense, ne trouvent, nous venons de le voir, aucun point d'appui, dans les dispositions du Code, qui consacrent formellement notre système, aussi ont-ils recours à des raisons étrangères et notamment à des considérations tirées du droit antérieur, et aux travaux préparatoires du Code.

Et d'abord, dit-on, le Code ne définit nulle part l'inceste. Si l'on interroge l'histoire, on est obligé d'admettre que les enfants dont les père et mère peuvent se marier à l'aide de dispenses n'ont pas en réalité le caractère incestueux. Le Droit canonique avait pris pour règle que les enfants nés d'un commerce illicite devaient être considérés comme les fruits anticipés d'un mariage, qui était déjà dans le vœu des père et mère au moment où des relations s'étaient établies entre eux, ce que les anciens jurisconsultes appelaient : un mariage de vœu et désir. La légitimation avait donc lieu par le double effet rétroactif du mariage et des dispenses, qui mettaient les père et mère dans le même état que si l'empêchement n'eût jamais existé. C'était le fondement de la décrétale du pape Alexandre III : « *Tanta est vis sacramenti ut qui antea sunt geniti post contractum matrimonium habeantur legitimi.* » Une seule exception était faite pour le cas où il y avait impossibilité absolue de mariage entre le père et la mère au moment de la conception. Le mariage qu'ils pouvaient contracter, lorsqu'une circonstance particulière avait fait cesser l'empêchement, ne légitimait pas alors les enfants qui étaient nés d'eux. Cette exception ne visait donc d'une manière absolue que les enfants adultérins. « *Si autem,* ajoute la décrétale, *vir, vivente uxore sua, aliam cognoverit et ex ea prolem susceperit, licet post mortem uxoris duxerit, nihilominus spurius erit filius, quoniam matrimonium inter se contrahere non potuerunt.* » Par une extension abusive, on argumenta de ces derniers mots « *quoniam...* » pour généraliser l'exception et l'appliquer aux enfants nés du commerce de deux personnes entre lesquelles il n'existait pas d'impossibilité de mariage comme au cas de mariage préexistant, mais simplement un empêchement susceptible d'être levé par des dispenses. De là l'incertitude de la doctrine et les décisions de certains parlements qui refusent d'admettre la légitimation. Cependant on peut dire que la doctrine contraire, conforme au droit canonique était généralement suivie.

Le code, ajoute-t-on, n'a pas changé l'état de choses antérieur, malgré les termes de l'article 331, qui semblent repousser la légitimation. Si l'on se reporte aux travaux préparatoires, il est facile de voir que l'intention du législateur n'a pas été d'exclure du bienfait de la légitimation les enfants nés du commerce de personnes entre lesquelles, il existe un empêchement, non pas absolu, mais susceptible d'être levé par des dispenses. « Nous n'avons jamais connu, dit le tribun Duveyrier dans son rapport, que deux classes d'enfants naturels : dans la première, les enfants naturels simples, nés de personnes libres ; dans la seconde, les adultérins et les incestueux ; et l'inceste religieux, étant désormais étranger à la loi civile, ce dernier genre devient presque insensible, si l'on observe surtout, qu'il n'y aura point d'inceste civil, même dans les degrés prohibés auxquels le gouvernement peut accorder la dispense » (Locré *Législ. civ.* t. VI p. 317 n° 37). « Cette même faveur, dit Malleville, est encore le principe de la décision communément suivie par les auteurs, et suivant laquelle, les enfants ne sont pas incestueux, lorsque leurs père et mère n'étaient parents qu'à un degré auquel, on peuvait obtenir des dispenses, qui ont en effet été accordées pour se marier ensuite. » (Mall. *Annal. du code civ.*, p. 274).

Le projet de l'article 331 était ainsi conçu : « les enfants nés hors mariage, d'un père et d'une mère libres, pourront être légitimés. » Cette rédaction qui n'excluait certainement que les enfants adultérins, fut d'abord acceptée, mais un autre article, celui relatif à la reconnaissance des enfants naturels, avait été aussi formulé dans les mêmes termes ; il autorisait la reconnaissance des enfants nés d'un commerce libre. Le tribunat fit observer qu'il était nécessaire d'appliquer la prohibition de la reconnaissance aussi bien aux enfants incestueux, qu'aux enfants adultérins. Bigot-Préameneu fut, en conséquence, chargé de modifier dans ce sens, la rédaction de l'article relatif à la reconnaissance; mais au lieu de se borner à le faire, il introduisit le changement non seulement dans cet article, mais encore dans celui relatif à la légitimation, quoique ce dernier eût été adopté dans sa rédaction primitive, et que l'observation du tribunal n'eût porté que sur l'article relatif à la reconnaissance. Il n'y eût aucune discussion nouvelle, et ces deux dispositions ainsi modifiées sont devenues les articles 331 et 335 du Code civil.

Lors de la loi du 16 avril 1832, qui autorise le mariage entre beau-frère et belle-sœur, aucune discussion ne s'est élevée sur la légitimation des enfants nés d'un commerce antérieur, tant on était convaincu que l'article 331 ne la prohibait pas, et aucune modification n'a été apportée à cet article. La question, si elle avait dû s'élever, ne fût cependant pas passée inaperçue, puisque le rapporteur de la loi à la chambre des députés, M. Parent, énumérait parmi les motifs graves, capables de faire accorder les dispenses, l'intérêt des enfants nés d'une faute antérieure, lequel ne sera pas la seule cause que pourront et devront alléguer les pétitionnaires. (*Moniteur*. Séance du 7 janvier 1832).

Ceci prouve, concluent nos adversaires, que le législateur n'a pas voulu appliquer à la légitimation qui répare et efface le scandale, la défense qu'il appliquait à la reconnaissance, qui loin de réparer la faute, ne ferait que l'aggraver en la divulguant.

Nous avons déjà montré que les textes contredisent formellement cette doctrine. Examinons maintenant les arguments qu'elle tire de l'histoire du Droit et que nous venons d'exposer.

Et d'abord, est-il bien conforme aux traditions de notre ancien droit et à l'esprit de notre législation actuelle d'invoquer le droit canonique en cette matière, et d'attacher aux dispenses accordées par le chef de l'état et au mariage dépouillé de son caractère religieux tous les effets que l'ancien droit attachait aux dispenses accordées par l'église et au sacrement du mariage ? En principe, le droit canonique, n'admettait pas la légitimation des enfants incestueux ou adultérins ; voici pourquoi : La légitimation reposait sur cette présomption que les enfants avaient été conçus sur la foi d'un mariage que les père et mère se proposaient dès lors de contracter, mariage de vœu et désir. Lorsque le mariage était célébré, on feignait qu'il l'avait été au temps de la conception, en sorte que le sacrement légitimait même le passé. Mais la fiction n'était pas possible quand les père et mère ne pouvaient se marier à ce moment, soit à cause d'un lien de parenté, soit à cause d'un mariage antérieur. De là la règle que le mariage ne légitime pas les enfants incestueux ou adultérins. Cette argumentation est irréfutable, et nos adversaires l'ont bien compris, puisqu'ils sont obligés, pour expliquer le texte qui est formel, de prétexter une extension abusive, une interprétation mauvaise de la fin de la

Décrétale d'Alexandre III. Y avait-il exception à cette règle en cas de dispense? En principe, non. Qu'était-ce en effet que la dispense? elle était considérée, comme l'abrogation, pour un cas particulier, de la loi ecclésiastique d'ou résulte l'empêchement; cette abrogation n'a d'effet que pour l'avenir, elle laisse subsister les effets qui ont été produits. De là le principe que la dispense est attributive, et non déclarative de droits : Si l'enfant a été conçu incestueux avant la dispense, il reste incestueux malgré la dispense; donc il ne peut être légitimé.

Telle était la rigueur du droit, rigueur d'autant plus grande que l'église avait successivement augmenté le nombre de ses prohibitions de mariage, pour cause de parenté ou d'alliance : Elle ne s'était même pas arrêtée au degré de cousin germain; quelques conciles défendirent le mariage entre parents, d'une manière illimitée. Innocent III, dans le Concile de Latran, tenu en 1215, abrogea la discipline qui étendait la défense de mariage entre parents à des degrés très éloignés, et donnait lieu à de fréquentes demandes en cassation de mariage, sous prétexte de parenté éloignée, et il borna la défense des mariages entre parents au quatrième degré canonique, c'est-à-dire d'après nos procédés de computation au huitième degré (Pothier, *du contr. de mar.*, ch. III. n° 138 et ch. VI, n° 414).

On comprend facilement, que les dispenses se soient multipliées, et que le Droit canonique se montrât facile, sur la légitimation d'enfants nés à des degrés prohibés.

Les dispenses étaient de deux sortes : les dispenses simples et les dispenses « *in radice matrimonii.* » Les premières n'avaient d'effet que depuis leur obtention et

pour l'avenir. Elle étaient accordées avant le mariage.
Les autres rétro-agi-saient et par conséquent effaçaient ce
vice de l'inceste ou de l'adultère, jusque dans sa racine;
de là l'expression de ispenses *in radice*. Le vice étant
effacé, la légitimation devenait possible. Mais il importe
de remarquer que cette dispense n'était accordée que lorsque le mariage avait été célébré et comme moyen *reinte-
grandi matrimonii irriti*. Elle validait rétroactivement
l'union et légitimait l'enfant né avant le mariage. Ainsi la
dispense proprement dite, celle qui précédait le mariage,
n'avait pas pour effet, par elle-même d'effacer le vice
d'inceste et de légitimer les enfants. La légitimation ne
pouvait avoir lieu que par un bref spécial du pape, accordé en vertu de la puissance des clefs, *ex potestate clavium*. pour lequel nulle condition n'était imposée, et qui
pouvait intervenir quelque fût le degré de parenté des im-
pétrants; mais ce droit de légitimer les enfants incestueux *ex potestate clavium*, n'appartenait au pape que sur
les terres soumises à son pouvoir; partout ailleurs, les
brefs n'avaient d'effet que pour les actes spirituels. En
France, notamment, les brefs de légitimation n'étaient pas
admis comme valables, ils donnaient lieu à l'appel comme
d'abus. « Légitimer à fins civiles, suivant Pithou, ne
peut être que l'œuvre de la loi civile et de la puissance
temporelle » (Pithou. *Libertés* 21 ; Carrière. Dissert. sur la
réhab. des mariages nuls et les dispenses *in radice*, Paris, 1834). En fait le plus souvent les dispenses n'avaient
pour effet que de permettre la célébration du mariage, et
comme par elles même elles n'avaient pas la force d'effacer le vice d'inceste, on aurait dû en conclure qu'alors

même qu'il y avait dispense, l'enfant restait incestuenx et n'était pas légitimé par le mariage subséquent.

L'ancien droit n'avait pas cette rigueur. Il admettait la fiction du droit canonique, que le mariage était censé célébré à l'époque de la conception des enfants ; que par suite les enfants conçus du commerce de personnes entre lesquelles le mariage était impossible à ce moment, ne pouvaient être légitimés, « la fiction, dit Bourjon, ne pouvant aller au delà de la vérité » (Bourjon. *Dr. commun de la France*, L. I, tit. III, ch. VI).

Ce principe fut toujours appliqué aux enfants adultérins.

Il n'en fut pas de même des enfants incestueux.

Les parlements ne manquaient jamais de réprimer les excès de la puissance ecclésiastique. Après avoir jugé d'abord conformément au principe du droit canon, ils s'en affranchirent peu à peu et en arrivèrent à ne considérer comme sérieux que les seuls empèchements pour lesquels l'église n'accordait pas de dispenses, ou n'en accordait que *cognita causa*, c'est-à-dire ceux qui étaient fondés sur la loi naturelle. De là suivait que les mariages contractés avec dispense légitimèrent désormais les enfants, non à cause de la dispense, mais parce qu'il n'y avait pas inceste, tandis que les enfants issus d'un véritable inceste ne pouvaient jamais être légitimés. La jurisprudence tenait les premières unions pour simplement irrégulières. Mais ni les auteurs ni elle-même n'ont précisé les distinctions qui existaient entre ces sortes d'empèchements. Pothier et les autres jurisconsultes du XVIIIe siècle, admettent la légitimation dans le cas où,

selon l'usage, la dispense était facile à obtenir, parce
qu'alors seulement la fiction canonique était possible ; les
père et mère étaient capables de contracter mariage au
moment de la conception, en ce sens qu'ils étaient sûrs
de pouvoir se marier en obtenant les dispenses. Quant
aux parlements, ils jugeaient suivant les espèces plutôt
qu'en droit ; usant de leur pouvoir à peu près absolu en
pareille matière. Ils déclaraient abusivement obtenus les
brefs de légitimation accompagnant les dispenses et
en arrêtaient les effets lorsqu'il s'agissait d'enfants nés
de beau-frère et belle-sœur (arrêts des 11 décembre 1664
et 19 juin 1723) tandis qu'ils les admettaient lorsqu'il
s'agissait d'enfants nés de cousins germains (arrêts des
12 mai 1665, 20 août 1711, 4 juin 1725).

« Mais l'inceste n'est pas défini par le Code, nous a-t-on
dit, il faut donc demander à l'ancien droit, l'explication
des mots « commerce incestueux » dont se sert l'article
331, donc les restreindre au cas où les dispenses ne sont
plus possibles. » Mais le législateur n'avait pas à définir
l'inceste, dont la signification est bien fixée dans le langage ordinaire et qui a toujours désigné le commerce de
deux personnes entre lesquelles il existe un empêchement
de mariage, fondé sur la parenté ou l'alliance. D'ailleurs
la question est bien moins de savoir ce qu'est l'inceste
en soi que de savoir si la tache qui en résulte pour l'enfant est susceptible d'être effacée par le mariage des père
et mère. L'argument en outre porte trop, car il faudrait
conclure que la reconnaissance même de l'enfant issu du
commerce de l'oncle et de la nièce, du beau-frère et de

la belle-sœur est possible, malgré les termes formels de
l'article 335, ce qu'aucun auteur ne soutient.

Il n'est rien moins que certain, que l'intention du législateur n'ait pas été, lors des travaux préparatoires,
d'exclure du bénéfice de la légitimation les enfants nés
d'un commerce incestueux. Les observations du Tribunat,
et l'exposé présenté par Bigot-Préameneu, tendent au
contraire à établir, que des changements opérés à la première rédaction de l'article 331, ont eu pour but de rendre d'une manière plus précise une pensée, qui était, dès
l'origine, celle du législateur. Reproduisant l'ancienne
coutume qui autorisait la légitimation des enfants nés *ex
soluto et soluta,* le Conseil d'État avait admis d'abord une
rédaction qui appliquait le bénéfice aux enfants « nés d'un
père et d'une mère libres. » Le projet n'admettait également la reconnaissance que pour des enfants nés dans ces
conditions. Il excluait formellement les enfants adultérins. Lors de la communication officieuse au Tribunat,
l'article relatif à la légitimation ne donna lieu à aucune
observation, mais à propos de l'article relatif à la reconnaissance, on s'inquiéta du doute qui pouvait subsister
d'après la rédaction de l'article, et pour faire disparaître
toute équivoque, relativement à l'intention formelle de la
loi de ne pas autoriser la reconnaissance des enfants incestueux, le Tribunat proposa de remplacer les mots :
« nés d'un commerce libre, » par ceux-ci : nés de personnes auxquelles il était loisible de s'unir par mariage
(Fenet. T. X, p. 45, 100, 125). Bigot-Préameneu qui fut
chargé de présenter la rédaction du titre de la paternité
et de la filiation, était parfaitement au courant de la

question relative à la légitimation : elle avait été assez souvent agitée dans l'ancien droit, pour qu'il comprît parfaitement l'importance de la modification qu'il fit subir à la rédaction primitive de l'article 331. Dans le nouveau projet rédigé par lui, les articles 331 et 335 figurent tels qu'ils sont aujourd'hui (Fenet. T. X, p. 129-150).

Les exposés de motifs et les rapports qui furent faits au Tribunat et au Corps législatif, lorsque le projet voté par le Conseil d'État, le 1er brumaire an IX, y fut porté, ne laissent aucune incertitude sur la portée de la nouvelle rédaction. Le rapporteur au Tribunat disait : « En distinguant les fruits innocents de la faiblesse, des fruits honteux du crime, la loi assure aux premiers, le précieux avantage de la légitimation par mariage subséquent de leurs père et mère ; elle marque les derniers, provenus de l'adultère et de l'inceste, du sceau ineffaçable de la honte et de la réprobation. » Dans l'exposé des motifs au Corps législatif, Bigot-Préameneu, exprimait la même pensée : « Si l'intérêt des mœurs a fait admettre la légitimation par mariage subséquent, ce même intérêt s'oppose à ce qu'elle ait lieu si les enfants ne sont pas nés de père et mère libres. Les fruits de l'adultère et de l'inceste ne sauraient être ensuite assimilés à ceux d'un hymen légitime. » La loi fut votée. Rien n'est donc plus évident que le sens attaché par le législateur aux expressions par lui employées.

Et certainement tel était encore le sens que le législateur donnait à l'article 331, lorsqu'en 1832 il autorisa les mariages entre beau-frère et belle-sœur, puisque malgré le rapport de M. Parent, il ne le modifia pas en faveur

des enfants nés de leur commerce. Le garde des sceaux.
dans sa circulaire du 29 avril 1832, pour l'exécution de
cette loi, indiquait comme un motif péremptoire de refuser les dispenses, l'existence d'un commerce incestueux,
et celle d'enfants déjà nés ou à naître. Si plus tard, le
27 octobre 1848, la chancellerie modifiant cette manière
de voir, a dans une nouvelle circulaire suivi un système
tout opposé, on doit l'attribuer aux tendances qui ré-
gnaient alors et qui depuis n'ont cessé de se montrer de
plus en plus favorables aux enfants naturels quels qu'ils
soient. Mais il ne faut pas perdre de vue, en tout cas,
que jusqu'ici aucune modification n'a été apportée au
Code civil.

Les enfants nés antérieurement aux dispenses sont
incestueux et ne peuvent être légitimés par le mariage
subséquent de leurs père et mère. Mais que décider dans
le cas où l'enfant est né postérieurement aux dispenses,
mais antérieurement au mariage ? La jurisprudence,
après avoir été longtemps divisée, admet maintenant que
cet enfant est légitimé. Trois arrêts de la chambre civile
de la Cour de cassation, en date du 22 janvier 1867, admettent la légitimation. La Cour de Lyon, saisie sur ren-
voi de l'un des arrêts cassés le 22 janvier, s'est rangée le
6 avril 1870 à l'avis de la Cour suprême, et la Cour de
Douai qui, en 1864, avait rendu l'un des arrêts cassés
en 1867, est revenue le 27 mars 1873 sur sa jurisprudence et a accepté elle-même celle de la Cour de cassation. Enfin un dernier arrêt de la chambre des requêtes
du 27 janvier 1873 décide dans le même sens : « Attendu,
dit ce dernier arrêt, que la prohibition de légitimer par

mariage subséquent les enfants incestueux ne s'applique
qu'aux enfants nés de personnes entre lesquelles le mariage est absolument interdit ou qui n'ont pas obtenu
du gouvernement l'autorisation de le contracter : que les
dispenses accordées par le gouvernement effacent l'empêchement pour le passé comme pour l'avenir et qu'elles
ont pour effet de faire considérer les parents au degré
prohibé comme ayant toujours été libres de contracter
mariage. » (Dalloz, per. 1863, part II, p. 123 ; 1867,
part I, p. 1 ; 1870, part II, p. 127 ; 1873, part II, p. 173 ;
1874, part I, p. 216). Il y a là une question de fait qu'il
est difficile de trancher en droit. Lorsque les dispenses
ont été obtenues et que le mariage se trouvant reculé
pour une cause ou une autre, la femme accouche avant
la célébration, mais de manière à ce que la conception
ne remonte d'une manière certaine qu'à une époque postérieure, il nous paraît bien difficile de ne pas appliquer
le droit commun : les père et mère sont libres ; il ne peut
plus être question d'inceste entre eux puisque l'objet de
la dispense a été de faire disparaître l'empêchement résultant de l'alliance ou de la parenté qui s'opposait à
leur mariage.

Aucun empêchement à mariage autre que ceux résultant d'un premier mariage ou de la parenté au degré
prohibé ne peut, lorsqu'il vient à cesser, mettre obstacle
à la légitimation par mariage subséquent. Tel serait le
cas d'un enfant dont le père et la mère, ou l'un d'eux,
seraient au moment de la conception incapables de contracter mariage, soit par exemple parce qu'ils n'auraient
pas l'âge requis, c'est-à-dire dix-huit ans pour l'homme,

quinze ans révolus pour la femme (art. 144 C. civil), soit parce qu'ils ne pourraient reproduire l'acte de consentement de leurs parents, dans les cas de l'article 148 et suivants. La légitimation sera acquise dès que le mariage sera célébré, bien entendu sous les conditions requises par la loi,

Il faut décider de même pour celui, qui étant engagé dans les ordres sacrés, donne l'existence à des enfants naturels. La question de savoir s'il pouvait légitimer ses enfants par un mariage contracté avec dispenses était controversée dans l'ancien droit : elle ne peut plus s'élever depuis la promulgation de la loi des 13 et 19 février 1790, qui décide que la loi constitutionnelle du royaume, ne reconnaît plus les vœux monastiques solennels des personnes de l'un et l'autre sexe, et de la constitution des 3 et 14 septembre 1791, qui porte que la loi ne reconnaît plus ni vœux religieux, ni aucun autre engagement qui serait contraire aux droits naturels ou à la constitution ; ce qui s'appliquait non seulement aux vœux monastiques, mais aussi aux engagements sacerdotaux. Les prêtres ne sont plus que des individus aux yeux de la loi. Ils peuvent se marier ; donc ils peuvent légitimer leurs enfants. Vainement dirait-on que dans la doctrine de l'église, le concubinage du prêtre est un adultère, que les enfants qui en naissent sont adultérins, et que par suite, il ne peuvent être légitimés. On répondrait, est la réponse et péremtoire, que les canons et les doctrines de l'église, n'ont aucune valeur aux yeux de la loi civile : et qu'il n'y a d'autre adultère, légalement parlant, que celui qui est commis au mépris d'un mariage légal. La question s'est présentée

evant la cour de cassation, et elle a été décidée dans ce
ens, sur un lumineux réquisitoire de Merlin. En conséquen-
, il fut décidé sur ces conclusions, qu'un enfant né avant
 révolution du commerce d'un prêtre avec une femme
bre, a pu être légitimé par le mariage subséquent de ses
re et mère, contracté avant le code, mais sous l'em-
re des loi nouvelles (Cass. 22 janv. 1812. Dalloz *Pœteris*
. n° 500. Jurisprudence Générale).

De même la femme veuve, qui aurait mis au monde
 n enfant, onze ou douze mois après la mort de son
ari. La conception remonte évidemment à une époque
 u le mariage était défendu, pendant les dix mois de vi-
ité (art 228 C. civ.). Cependant le mariage subséquent
 es père et mère légitimera l'enfant, parce qu'il est né
 lus de trois cents jours après la dissolution du mariage,
 t que par conséquent, il n'a pas le caractère adultérin.

Duveyrier dans son discours au corps législatif était
 onc beaucoup trop absolu, lorsqu'il posait comme condi-
 ion de la légitimation que les père et mère fussent li-
 es au moment de la conception des enfants, c'est-à-dire
 u'ils eussent à ce moment la faculté légale de se marier.
 uveyrier. Discours n° 32; Locré t. III p. 134) La loi ne con-
 cre pas ce principe. Elle n'admet d'autre obstacle
 al que l'inceste et l'adultère. C'est du reste l'opinion
 mmune.

CHAPITRE IV

Nous avons vu que lorsque l'enfant a été légalement reconnu, soit avant le mariage, soit dans l'acte même de célébration, la légitimation s'opère de plein droit par le seul effet du mariage, sans qu'il soit nécessaire que les époux en expriment la volonté, sans même qu'il soit en leur pouvoir d'y mettre obstacle ; nous avons vu également que l'enfant, de son côté, ne peut répudier le bénéfice de la légitimation, qui est tout à fait indépendante de sa volonté. Les dispositions du Droit Romain, qui ne permettaient pas de légitimer un enfant naturel contre son gré, n'ont point passé dans notre droit.

Mais si la légitimation ne peut être ni déniée à l'enfant, ni répudiée par lui, il en est autrement de la reconnaissance dont la véracité peut être contestée, soit par l'enfant, soit par les tiers. Un enfant est reconnu par un homme dont il n'est pas le fils ; puis pour couvrir cette reconnaissance mensongère, le prétendu père se marie avec la mère. Pourra-t-on attaquer cette reconnaissance frauduleuse, suivie d'une légitimation frauduleuse, dont le résultat serait de permettre comme le disait Napoléon au Conseil d'Etat, aux époux de créer des enfants par consentement mutuel ? Evidemment oui. L'article 339 est formel : Toute reconnaissance de la part du père ou

de la mère, peut être contestée par tous ceux qui y auront
intérêt. Le mariage et la légitimation qui en serait la suite,
ne peuvent pas valider une reconnaissance qui serait
fausse. L'enfant pour être légitimé, doit avoir été légalement reconnu ; c'est la condition *sine qua non*. Or une
reconnaissance qui n'est pas l'expression de la vérité, n'est
pas une reconnaissance ; donc, on pourra la contester,
même lorsqu'il y aura eu légitimation, et il est bien évident que si la reconnaissance est déclarée fausse, et tombe, la légitimation tombe aussi.

Mais, a-t-on dit, la loi met les enfants légitimés au
même rang que les enfants légitimes. Or, le père seul ou
ses héritiers peuvent au moyen de l'action en désaveu,
contester l'Etat de l'enfant légitime, qui à une possession
d'état conforme à son acte de naissance pour l'enfant légitimé
c'est l'acte de mariage qui lui tient lieu d'acte de naissance, et comme il est assimilé à l'enfant légitime, son
état devrait être également à l'abri de toute attaque. La
Jurisprudence a, par de nombreux arrêts, répondu d'une
façon péremptoire à cette objection. Sans doute, l'article
333 dit que l'enfant légitimé a les mêmes droits que l'enfant légitime ; mais, il entend simplement effacer la tache
de bâtardise, et ce n'est que pour l'avenir qu'il confère
aux enfants légitimés les mêmes droits qu'aux enfants
légitimes. Quant aux principes, qui régissent la filiation
des enfants légitimes, le législateur n'a, ni pu, ni voulu,
les appliquer à la filiation des enfants légitimés. L'enfant
légitime, en naissant, est couvert par la présomption « is
est pater, quem nuptiæ demonstrant. » Cette présomption,
basée sur la fidélité que la femme doit à son mari, est si

est si forte que le désaveu seul du père peut la faire tomber ;
l'enfant légitimé, lui ne peut invoquer que l'acte de reconnaissance, car cette reconnaissance, c'est la base de sa
légitimation : or, qu'est ce que la reconnaissance? un aveu,
une simple manifestation de volonté, mais cet aveu peut
être le résultat d'une fraude. C'est pour cela que la loi
admet toute personne intéressée à contester la reconnaissance. Le mariage, en confirmant la reconnaissance,
vient lui donner un degré de probabilité de plus, mais
cette probabilité ne peut être comparée à la présomption
qui résulte du mariage, en faveur de l'enfant légitime.
Toulouse, 13 Mars 1845. (Dalloz 1845. 2. 144). — Cass.
10 fév. 1847. (Dal. 1847. I. 53). — Paris 23 Juil. 1853
(Dal. 1854. 2. 269). — Bastia 10 Déc. 1864 (Dal. 1865. 2.
37).

Nous allons parcourir rapidement les causes, pour lesquelles une reconnaissance peut être contestée, et par
qui elle peut l'être : nous aurons, après cette étude, par-
couru les divers causes de nullité de la légitimation, car
attaquer la reconnaissance, c'est attaquer la légitimation
qui n'existe que par elle, et ne peut exister sans elle.

La loi ne définit pas, ce qu'on doit entendre, par le mot
contester. On rencontre la même expression, dans l'article
315, aux termes duquel la légitimité de l'enfant, né trois
cents jours après la dissolution du mariage, pourra être
contestée. La contestation est alors une simple dénégation, c'est-à-dire qu'il suffit de la contestation pour que
l'enfant soit rejeté de la famille et déclaré illégitime. En
est-il de même dans l'article 339? Une simple dénégation
de la part du tiers intéressé suffira-t-elle, en sorte que

ce soit à l'auteur de la reconnaissance à établir sa sincérité et sa validité? Serait-ce, au contraire, à celui qui la conteste à prouver qu'elle est fausse? La loi, en faisant de la reconnaissance, le mode légal de constatation de la filiation naturelle, a dû la présumer sincère, et lui donner la valeur d'une présomption simple qui peut être détruite par la preuve contraire, mais en vertu de laquelle l'acte subsiste tant que cette preuve n'a pas été faite. On ne peut se prévaloir de l'article 315 pour expliquer l'article 339. Il n'y a aucune analogie entre les deux espèces. L'enfant né trois cents jours après le mariage, nait illégitime par la date même de sa naissance : Une simple dénégation de son état d'enfant légitime suffit : Il n'y a rien à prouver. La reconnaissance au contraire est un aveu, donc une preuve : elle ne peut être combattue que par la preuve contraire. Ce sera donc au contestant, qui allègue la nullité de la reconnaissance à la prouver. Cette preuve pourra être faite, du reste par tous les moyens possibles, car il s'agit d'un fait dont le contestant n'a pu se procurer de preuve écrite, et qui par lui-même n'engendre ni droits ni obligations : Bien entendu, nous ne parlons pas de l'hypothèse où la contestation porterait sur la sincérité de l'acte lui-même, soit parce que les formalités dont il constate l'accomplissement, n'auraient pas été réellement observées, que la date serait fausse, par exemple, soit parce que les témoins désignés comme présents à l'acte n'auraient pas assisté à la réception... etc. Dans ces divers cas, l'acte de reconnaissance, ne pourrait être attaqué que par l'inscription de faux. L'authenticité est en effet attachée aux actes à raison du caractère de l'officier public à qui la loi a donné mission de les constater et de la confiance qu'il inspire pour ce motif.

Aucun txte de loi ne définit les causes de contestation. Elles peuvent porter soit sur la validité de la reconnaissance en la forme ou au fond, soit sur la vérité même du fait de la filiaration valablement reconnue.

Considérée eu la forme ou au fond, la reconnaissance peut être entachée de vices plus ou moins graves, qui la rendent complétement nulle ou simplement annulable. Il y a des cas ou la reconnaissance est absolument nulle : Elle n'existe pour personne, pas plus pour celui qui l'a faite, que pour les tiers. De là suit que tous ceux qui ont intérêt à l'écarter, ont qualité pour demander au tribunal non pas de l'annuler (on n'annule pas une chose qui n'existe pas) mais de déclarer son inexistence légale ; cette action est imprescriptible ; à toute époque, on peut soutenir qu'une action n'a jamais existé et que, partant, elle ne saurait produire aucun effet. Il en est autrement des reconnaissances simplement annulables. Ici nous nous trouvons, non plus en présence d'une apparence de reconnaissance, mais d'une reconnaissance réelle, bien que vicieuse et imparfaite. La loi lui attribue provisoirement tous les effets d'une reconnaissance valable et régulière, mais en réservant aux intéressés la faculté d'en faire prononcer la nullité par les tribunaux. Du reste, cette distinction a moins d'importance que lorsqu'il s'agit de contrats, en ce qui concerne la prescription et la ratifaction de l'acte nul : la reconnaissance des enfants naturels concerne l'état des personnes, par conséquent n'est pas dans le commerce et n'est pas prescriptible.

I. — La reconnaissance est radicalement nulle :

1º Lorsqu'elle est faite par une personne qui n'avait pas qualité pour la faire, c'est-à-dire par une personne autre que les père et mère, sans leur procuration spéciale et authentique : Ainsi en serait-il d'une reconnaissance faite par le père au nom de son fils, par les héritiers au nom du défunt ;

2º Lorsque celui qui l'a faite, n'avait pas l'usage de sa raison au moment où la reconnaissance a eu lieu. Il ne peut y avoir de mariage, nous dit la loi (art. 146) lorsqu'il n'y a point de consentement. De même sans consentement, il ne peut y avoir de reconnaissance ;

3º Lorsqu'elle est reçue par un officier dépourvu de tout caractère officiel pour la constater, tel qu'un greffier, un huissier, un fonctionnaire de l'ordre administratif. L'incompétence est alors absolue, *ratione materiæ*. Ces officiers publics n'ont dans ce cas pas plus de pouvoirs que de simples particuliers.

Mais un acte de reconnaissance reçu par un officier public incompétent, nul par là même ne pourra-t-il pas valoir comme acte sous-seing privé? Cette question se réduit à cette autre : la reconnaissance peut-elle se faire par acte sous-seing privé? Toullier soutient l'affirmative : il ne voit dans l'acte authentique, qu'une question de preuve. Les rédacteurs du Code, dans l'article 334, dit-il, n'ont pas prescrit à peine de nullité que la reconnaissance serait reçue par acte authentique, comme ils l'ont fait dans le cas de donation. Or, suivant l'article 1320, l'acte authentique et l'acte sous-seing privé font également foi entre les parties, et suivant l'article 1322, l'acte sous-seing privé, reconnu par celui à qui on l'oppose et légalement tenu pour reconnu, a entre ceux qui l'ont souscrit et leurs héritiers, la même force que l'acte authentique. Les familles, lorsque la reconnaissance est consignée dans un écrit sous-seing privé, fait avec réflexion, écrit par le père, surtout s'il est ensuite déposé chez un notaire, sont aussi bien à l'abri d'une surprise que lorsque l'acte est reçu dans la forme solennelle, en présence d'un officier public compétent.

Mais qu'importe que l'article 334 ne parle pas de nullité? Quand elle parle du contrat de mariage, la loi prendelle la peine de dire qu'il doit être reçu par un notaire sous peine de nullité? non, car la nullité du contrat de mariage, aussi bien que celle de la reconnaissance résulte du motif même, pour lequel la loi exige l'intervention d'un officier public ; or l'officier n'est pas censé intervenir, quand il n'observe pas les formes prescrites par la loi ; donc pas de doute, sans acte authentique, pas de reconnaissance. Que prouve-t-on lorsque l'on dit que l'acte sous seing privé reconnu ou légalement tenu pour reconnu a la même force que l'acte authentique? Simplement que l'acte existe vis-à-vis des deux parties, qu'il émane de celui à qui on l'oppose. Mais cette authenticité, accordée à cet acte, ne prouve pas qu'il est sincère, et que celui qui a fait la reconnaissance a été entouré des garanties exigées par la loi.

La reconnaissance faite par acte sous seing privé ne produira donc aucun effet. Elle ne pourrait même pas être confirmée. Elle devra être refaite en la forme légale, comme la loi le prescrit pour les donations nulles en la forme. Donc, sera également nulle la reconnaissance faite dans un acte authentique vicié par un défaut de forme. Tout au plus l'acte sous seing privé, pourra-t-il servir de commencement de preuve par écrit, à l'enfant qui recherchera sa maternité. Il devra dans ce cas être corroboré par d'autres preuves. Aller au-delà, et dire qu'à la suite d'une vérification d'écritures, par exemple, un tel acte sera valable et fera preuve de la filiation naturelle, cela reviendrait à dire, contrairement aux dispositions formelles de l'article 334, que l'enfant naturel peut être reconnu par acte sous seing privé.

Le dépôt qui serait fait dans l'étude d'un notaire de l'acte sous seing privé ne donnerait pas plus de valeur à la reconnaissance. Car, en admettant que l'acte acquiert le caractère authentique, il ne serait pas prouvé que l'auteur de la reconnaissance au moment ou il a souscrit à l'acte a agi librement, sincèrement. C'est à ce moment même que l'authenticité doit être acquise et non postérieurement. Si l'acte de dépôt contient toutes les énonciations nécessaires pour établir la filiation, c'est-à-dire l'aveu du père ou de la mère et la désignation de l'enfant naturel, la reconnaissance est valable ; mais alors elle ne résultera plus de l'acte sous seing privé, mais de l'acte de dépôt lui-même.

II. — La reconnaissance est simplement annulable :

1° Lorsque la volonté n'a pas été libre, et que la reconnaissance n'a eu lieu que par suite d'erreur, de violence ou de dol.

L'erreur, d'après l'article 1110, n'est une cause de nullité de la convention que lorsqu'elle tombe sur la subs-

tance même de la chose qui en est l'objet. Quel peut-
être le sens du mot substance, lorsqu'il s'agit de la reconnaissance? La substance, c'est ce sur quoi la volonté
s'est fixée, ce que la partie qui figure à l'acte a eu princi-
palement en vue ; la substance de la reconnaissance'
c'est donc l'enfant qui fait l'objet de la reconnaissance.
S'il y a erreur sur la personne même de l'enfant, c'est-à
dire si la reconnaissance est appliquée à un autre que
celui que le père ou la mère avait intention de reconnaître, il y a erreur sur la substance, partant pas de
reconnaissance valable.

La violence devra présenter les caractères déterminés
par le code civil, c'est-a-dire qu'elle devra être exercée
contre l'auteur même de la reconnaissance, contre son
époux ou son épouse, ses ascendants ou descendants (art.
1111 — 1113); elle devra être de nature à faire impression
sur une personne raisonnable et à lui inspirer la crainte
d'exposer sa personne ou sa fortune à un mal considérable et présent, eu égard à son âge, à son sexe, à sa condition (art. 1112). La violence implique des voies de fait
ou des menaces illégales.

On s'est demandé, si des poursuites judiciaires, ne peuvent pas être considérées comme une violence, quand par
la crainte qu'elles inspirent, elles aménent celui contre
lequel elles sont exercées à reconnaître un enfant naturel. Il faut décider qu'en principe, la menace d'un procès
ne peut être considérée comme une violence. En effet ou
la recherche de la paternité ou de la maternité est permise conformément aux articles 340 et 341 du code civil,
ou elle est interdite. Dans le premier cas, l'action inten-

tée ou la menace de cette action n'a rien d'illicite, le réclamant use d'un droit et celui qui fait ce qu'il a le droit de faire, n'use pas de violence. Dans le second cas, celui contre lequel l'action est dirigée n'a rien à redouter ; si afin de se soustraire aux conséquences de cette action, il consent à reconnaître son enfant naturel dans les formes voulues, c'est-à dire par un acte authentique ou par un aveu judiciaire, il agit en pleine liberté. Le consentement ne pourrait être vicié, qu'autant que l'action ou la menace de cette action aurait été accompagnée de circonstances de nature à être considérées comme constituant la violence. Malgré l'opinion de Loiseau, il faut également décider, que pas plus que les poursuites judiciaires, des actes extrajudicaires ne constituent des violences.

Le Dol ne sera une cause d'annulation de la reconnaissance, que lorsqu'il sera évident que, sans les manœuvres employées, elle n'eût pas été faite.

2° Lorsque l'officier public qui l'a reçue a instrumenté hors de son ressort, ou quand il n'a pas observé les formalités prescrites par la loi sous peine de nullité.

Quand aux actes de reconnaissance passés devant notaires, il faut appliquer la loi du 25 ventôse an XI qui décrit minutieusement les formalités qui doivent être remplies sous peine de nullité. D'après la loi du 21 Juin 1843, l'acte notarié contenant reconnaissance d'enfant naturel, sera a peine de nullité reçu conjointement par deux notaires, ou par un notaire en présence de deux témoins. La présence du notaire en second ou des deux témoins n'est requise qu'au moment de la lecture de l'acte par le notaire et de la signature par les parties ; elle doit être mentionnée à peine de nullité. De même il doit être fait mention, dans le cas où l'une des parties n'a pas signé l'acte, de sa déclaration qu'elle ne peut ou ne veut signer. Un notaire ne peut instrumenter que dans son ressort : hors de là, il est incompétent en raison seulement du lieu « *ratione personæ aut loci.* »

L'acte authentique, déclaré nul pour incompétence ou vice de forme, vaut d'après l'article 1318, comme écriture privée s'il a été signé pour toutes les parties. Il est donc insuffisant pour constater une reconnaissance d'enfant naturel. Il ne pourra servir, comme les actes sous seings privés eux-mêmes, que comme élément de preuve dans les cas ou la recherche de la paternité et de la maternité est admise.

Le Code civil n'établit pas de nullité, en matière d'actes de l'État civil ; si l'acte est irrégulier, il y aura lieu à rectification, et l'acte rectifié vaudra comme acte de reconnaissance, à partir du moment où il a été reçu, avec cette restriction que le jugement de rectification ne pourra être opposé à ceux qui n'ont pas été parties en cause. Mais *quid*, si aux yeux de la loi, l'acte de l'état civil est considéré comme inexistant ? par exemple, s'il a été inscrit sur une feuille volante? Les actes de l'État civil, doivent sous peine d'inexistence, être inscrits sur les registres de l'État civil, à leurs dates respectives; donc, sans cette inscription, il n'y a pas d'acte, donc dans l'espèce, pas de reconnaissance. L'enfant devra poursuivre l'officier de l'État civil, puis fera inscrire le jugement qui tiendra lieu d'acte de reconnaissance.

III. — La contestation peut porter sur la sincérité de

la reconnaissance, sur la vérité de la filiation valablement reconnue. Ici nous admettons que toutes les conditions de forme et de fond ont été remplies : mais l'homme
ou la femme de qui elle émane, n'est pas véritablement
le père ou la mère de l'enfant auquel cette reconnaissance s'applique. Si la preuve en est faite, la reconnaissance sera radicalement nulle. Tel serait le cas, pour ne
citer que quelques exemples, ou le prétendu père aurait
été dans l'impossibilité de cohabiter avec la mère du trois
centième au cent-quatre-vingtième jour avant la naissance ; celui ou la prétendue mère ne serait pas réellement accouchée, au moment de la naissance. Il peut se
présenter dans certaines hypothèses, des difficultés de
droit. Un enfant est reconnu et légitimé, et il est prouvé
que le prétendu père était encore impubère au moment
de la conception, appliquera-t-on ici, pour déterminer la
puberté, les règles que la loi a fixées au sujet de l'âge
auquel l'homme et la femme peuvent contracter mariage?
Evidemment non, il n'y a aucune analogie entre les
deux hypothèses. La puberté sera donc une question de
fait que le juge décidera, sur le rapport des gens de l'art.

La contestation peut porter sur l'identité de l'auteur
de la reconnaissance. Il faut distinguer ici entre le cas où
la reconnaissance est faite par le père et celui où elle
émane de la mère. En ce qui concerne le père, la preuve
de l'identité doit résulter des énonciations mêmes de l'acte
de reconnaissance. Le réclamant ne serait pas admis à
l'établir à l'aide du témoignage ou de présompitons. Tel
serait le cas où le nom de l'individu désigné comme père
étant omis, l'acte de reconnaissance ne contiendrait que

les prénoms, et où il serait nécessaire de vérifier la signature à l'aide d'écrits privés, émanés du prétendu père. La preuve de l'identité du père, dans ce cas, serait une véritable recherche de la paternité. En ce qui concerne la mère, la reconnaissance authentique, insuffisante pour établir l'identité, peut au moins servir de commencement de preuve par écrit, et permettre de compléter la preuve de l'identité, à l'aide du témoignage et des présomptions.

Enfin la contestation peut porter sur l'identité de celui qui invoque le bénéfice de la reconnaissance, la preuve de l'identité pourra se faire par témoins sans même un commencement de preuve par écrit : « l'identité en effet, résulte de circonstances, de faits qui tombent sous les sens et qui naturellement peuvent être prouvés par le simple témoignage. » (Bordeaux, 18 février 1846).

IV. — Qui peut contester la reconnaissance ? Le législateur, dans l'article 339 n'a pas déterminé d'une manière plus précise, la qualité des personnes admises à contester la reconnaissance, que les causes de contestations. « Toute personne intéressée, » pourra critiquer la reconnaissance. Bien entendu, l'intérêt de quelque nature qu'il soit, moral ou pécuniaire, doit être né et actuel. C'est à dessein que le législateur s'est servi d'une disposition aussi générale. Le Tribun Duveyrier, après avoir dit au corps législatif (Séance du 2 germinal au II), Locré tome VI p. 326) qu'il faut pour la validité de la reconnaissance, que l'intérêt légitime d'un autre n'en soit pas blessé, désignait comme étant directement intéressés, l'auteur même de la reconnaissance et ses héritiers, et ajoutait : « Ces

divers intérêts et tous autres qu'il est impossible de prévoir et de désigner, ont indiqué la justice et la nécessité
d'une disposition générale qui donne à tous ceux qui y
ont un intérêt, le droit de contester, soit la reconnaissance faite par le père ou la mère, soit la réclamation de
l'enfant. »

L'enfant reconnu est le premier intéressé à repousser
une filiation qui ne serait pas la sienne. Il sera donc toujours admis à contester son état, soit qu'en même temps
il en revendique un autre, soit qu'il se voie réduit à n'en
avoir aucun. Il en est ainsi, alors même qu'il aurait été
légitimé par le mariage de ses prétendus père et mère.
Mais alors, a-t-on dit, que devient l'article 322, qui porte :
« nul ne peut réclamer un état contraire à celui que lui
donnent son titre de naissance, et la possession conforme
à ce titre ; et nul ne peut contester l'état de celui qui a
une possession d'état conforme à son titre. » L'enfant légitimé, est réputé être sur la même ligne que les enfants
légitimes dont la loi s'occupe dans cette disposition, et
l'acte de mariage lui sert d'acte de naissance. Donc, lorsqu'il aura une possession conforme à son titre de naissance, son état ne pourra plus être contesté. Sans doute
l'article 333 assimile complétement l'enfant légitimé à l'enfant légitime, mais cela n'est vrai que pour les droits qui
s'ouvrent à partir de la légitimation. Quant au passé il
reste enfant naturel. Dès lors, il est facile de voir que
l'article 322 n'est pas applicable. Il suppose la filiation légitime constatée par l'acte de naissance, et confirmée par
la possession d'état. Or l'enfant légitimé, avant la légitimation, a été enfant naturel, et n'a pu avoir comme tel

qu'une possession d'état d'enfant naturel ; ce n'est que par suite de la légitimation qu'il acquiert la possession d'état d'enfant légitime. De plus, son acte de naissance prouve qu'il est né illégitime. Si l'on se reporte au moment de la contestation, l'enfant ne peut donc avoir de possession d'état conforme à son titre de naissance, car par sa possession d'état il est légitime et par son titre de naissance, il est illégitime.

Ainsi l'enfant naturel ,légitimé, peut prétendre et prouver que l'homme qui l'a reconnu n'est pas son père, soit en accordant qu'il n'a pas de père connu, soit en revendiquant la paternité de tel autre homme dans le cas exceptionnel où sa mère aurait été enlevée par celui-ci au moment de sa conception. Il pourra ainsi faire tomber la légitimation : mais pour arriver à cela, il ne lui suffirait pas de dire qu'il n'accepte pas la reconnaissance, qu'il n'en veut pas, qu'il la répudie ; il faudra qu'il prouve les faits qu'il avance : car l'état d'une personne est indépendant de sa volonté.

Celui qui a reconnu l'enfant peut-il contester sa propre reconnaissance ? Peut-il, en d'autres termes, sans s'appuyer sur l'erreur, le dol ou la violence, la contester par ce seul motif qu'elle n'est pas l'expression de la vérité, qu'il n'est pas réellement le père de l'enfant par lui reconnu en pleine connaissance de cause ? Tel serait le cas, où, afin d'épouser la mère, qui a mis cette condition au mariage, un homme aurait consenti à reconnaître un enfant qui n'est pas le sien, et à le légitimer par mariage subséquent ; tel encore le cas où une femme consentirait à se déclarer mère d'un enfant ; dont elle ne serait pas

14

accouchée pour sauver l'honneur d'une jeune fille, qu'elle ait ou non reçu le prix du mensonge.

Au premier abord, on est tenté de refuser à l'auteur de la reconnaissance, le droit de la contester. La reconnaissance est un aveu, et l'aveu fait pleine foi contre son auteur. De plus celui ou celle, qui dans de telles conditions veut revenir sur une reconnaissance, qu'il a faite librement et en pleine connaissance de cause, est obligé de se fonder sur sa mauvaise foi, et la règle « *nemo creditur turpitudinem suam allegans* » peut lui être opposée. Ce texte même de l'article 339, semble exclure le père ou la mère qui voudrait revenir sur son aveu. En effet, par ces mots : toute reconnaissance du père ou de la mère, pourra être contestée par tous ceux qui y auront intérêt, la loi paraît mettre en présence : d'une part, le père ou la mère affirmant dans la reconnaissance, sa paternité ou sa maternité ; d'autre part, l'enfant, ou tout intéressé soutenant le contraire.

Mais l'opinion contraire est généralement adoptée, aussi bien par la doctrine que par la jurisprudence. Elle est du reste fondée sur les vrais principes. L'état est d'ordre public, il ne dépend pas de la volonté arbitraire des particuliers de le créer ou de le détruire. Quand le père reconnaît un enfant naturel, ce n'est pas sa reconnaissance qui crée l'état de l'enfant ; il ne fait que constater, dans la forme authentique, le fait de sa paternité. Les rédacteurs du Code ont eu en vue, dans l'article 339, le cas le plus fréquent, celui où la contestation sera introduite par un autre que l'auteur de la reconnaissance ; mais rien ne prouve qu'ils aient entendu exclure celui-ci de la faculté accordée à tous les intéressés.

Les père et mère de l'auteur de la reconnaissance peuvent même du vivant de celui-ci, demander la nullité de l'acte. Aucun lien civil ne les unit à l'enfant naturel, néanmoins ils peuvent avoir un intérêt moral et pécuniaire suffisant. L'enfant, en effet, prend le nom de celui qui l'a reconnu ; celui-ci contracte l'obligation de le nourrir, de l'entretenir, de l'élever ; la reconnaissance donne à l'enfant des droits sur sa succession. A plus forte raison, le père de celui qui aurait légitimé un enfant naturel, peut-il contester la reconnaissance et la légitimation, lorsque l'auteur de la reconnaissance n'agit pas. Car, la légitimation fait entrer complétement l'enfant dans la famille de chacun de ses auteurs ; donc le père de l'un de ces derniers, a bien un intérêt né et actuel à le repousser comme un usurpateur.

La cour de cassation paraît même aller plus loin, et admettre que les proches parents, collatéraux de l'auteur de la reconnaissance, ont le droit de contester l'acte. Mais si cette opinion était admise, les tribunaux devraient au moins se montrer très sévères dans l'appréciation du mobile qui engage les parents collatéraux à agir, et des preuves par eux fournies à l'appui de leurs contestations.

Les héritiers de l'auteur de la reconnaissance et à défaut d'héritiers au degré successible, l'état, doivent être rangés au nombre des personnes intéressées. Mais leur intérêt naît seulement au moment de l'ouverture de la succession. Parmi les autres personnes ayant un intérêt pécuniaire à faire tomber la reconnaissance, on peut citer un donataire, qui prétendrait que la reconnaissance n'a

eu lieu que pour produire, au moyen d'une légitimation
par mariage subséquent, la révocation de la donation faite
antérieurement à la naissance de l'enfant, ou bien un
légataire qui prétendrait que la reconnaissance n'a été
faite, que dans le but de diminuer la quotité disponible.
(Dalloz J. G. *Paternité*, nº 473, nº 2).

La mère qui a reconnu l'enfant, aurait qualité pour contester la reconnaissance faite par le père : outre l'intérêt
pécuniaire résultant pour elle de l'article 765, il peut lui
importer que l'enfant ne tombe pas sous la puissance paternelle de l'individu qui se prétend le père. Elle peut
elle-même avoir un intérêt moral à ne pas laisser croire
qu'elle a eu des relations avec lui. Il en serait de même
du père qui a reconnu l'enfant et qui contesterait la reconnaissance faite par la mère. Ce serait aux magistrats
à décider entre ces deux compétitions, d'après les preuves
fournies.

Il peut arriver que l'enfant soit reconnu par plusieurs
hommes ou plusieurs femmes. La reconnaissance la première en date ne sera pas pour cela, réputée plus sincère
que les autres. L'état de l'enfant ne peut pas dépendre
de l'empressement plus ou moins frauduleux de celui qui
l'a reconnu. L'aveu de la mère serait lui-même insuffisant, car elle peut se tromper, ou céder à l'intérêt ou à la
passion. Enfin, la possession d'État bien qu'elle ait une
grande importance, la légitimation par mariage subséquent elle-même, ne seraient pas des circonstances déci-
sives pour prouver la sincérité de la reconnaissance.
Dans tous les cas, les juges doivent apprécier les faits et
décider d'après l'ensemble des preuves qui auront été

produites. Toutes les preuves pourront être admises ici. Il ne s'agit pas ici de rechercher la paternité, il s'agit de déterminer entre plus'eurs, laquelle est la véritable.

Si l'une des reconnaissances attribuait à l'enfant une filiation adultérine ou incestueuse, elle devrait être déclarée nulle, car elle n'a pas d'existence légale, et le tribunal prononcerait la validité de l'autre qui demeurerait par cela même incontestée. C'est l'intérêt de l'enfant qu'il faut du reste considérer ; il devra donc, s'il n'intervient pas spontanément dans l'instance, y être appelé, afin que le jugement lui soit commun, et qu'il ne puisse pas y avoir plus tard de nouvelles contestations. S'il est mineur, le tribunal pourra lui nommer un tuteur *ad hoc*, mais cette nomination n'a rien d'obligatoire.

V. Dans quel délai la contestation doit-elle être faite? Il faut d'abord distinguer si la reconnaissance est radicalement nulle ou si elle est simplement annulable. Dans le premier cas, il n'y aura pas de prescription. La reconnaissance pourra toujours être attaquée ou contestée, mais l'action par laquelle on l'attaque, est improprement qualifiée d'action en nullité : on ne demande pas la nullité d'une chose qui, aux yeux de la loi, est nulle, c'est-à-dire, n'existe pas ; et on peut à toute époque se prévaloir de ce que cette chose n'existe pas.

Si la reconnaissance est annulable, il faut une nouvelle distinction. Si la reconnaissance est attaquable pour défaut de sincérité, aucun laps de temps ne pourra couvrir ce vice, l'action sera imprescriptible. Tous les auteurs sont d'accord sur ce point, tout en ne l'étant pas sur les motifs, les uns invoquant l'imprescriptibilité des

questions d'État, les autres l'inexistence légale d'une reconnaissance faite par un autre que le père de l'enfant naturel. Si, au contraire, la reconnaissance est entachée de
nullité, par un vice de forme ou de consentement, il y
aura lieu à prescription. Car, ici, l'action n'aura plus
pour objet direct de contester l'état de l'enfant : celui qui
a fait une reconnaissance par erreur, dol ou violence, ne
nie pas l'état de l'enfant : il se borne à demander que
l'acte en vertu duquel cet enfant est reconnu comme le
sien, soit annulé ou rescindé. Nous appliquerons ici, la
prescription générale de trente ans ; puisque la loi ne fait
pas d'exception pour la reconnaissance, l'action en nullité
reste sous l'empire des principes généraux.

Nous déciderons de même que, dans ce dernier cas,
l'acte de reconnaissance peut être tacitement confirmé.
L'auteur n'a qu'à laisser passer les délais de prescription,
sans se servir des moyens qu'il peut invoquer pour faire
annuler la reconnaissance. A plus forte raison, si nous
admettons la confirmation tacite, admettrons-nous la confirmation expresse. « Confirmer, c'est renoncer, a-t-on
dit, et on ne peut renoncer au droit de contester l'Etat,
puisqu'il n'est pas dans le commerce. » Mais nous venons
de le dire, ce n'est pas la contestation de l'Etat qui est
l'objet de la renonciation, c'est uniquement le vice qui
infecte la reconnaissance, vice personnel à celui qui l'a
faite. Il avait reconnu sous l'influence du dol et de la
violence ; il peut renoncer à se prévaloir de ces vices,
qui ne concernent que la manifestation de son consentement. Au fond, cette question n'a pas grande importance ;
car généralement, les vices du consentement impliquent

que la reconnaissance n'est pas conforme à la vérité. Supposons qu'il y ait eu erreur sur la personne de l'enfant reconnu, le vice pourra-t-il disparaître par la confirmation? non, car le père aurait beau confirmer la reconnaissance de l'enfant qui ne lui appartient pas, cet enfant lui restera toujours étranger, et il pourra toujours, malgré sa renonciation, contester l'Etat de l'enfant.

Nous avons vu que les collatéraux eux-mêmes peuvent attaquer une reconnaissance frauduleuse, à l'effet de faire tomber la légitimation. Ainsi un enfant adultérin est légitimé par le mariage subséquent de ses père et mère. La légitimation est nulle. Elle est attaquée par les frères et sœurs légitimes de l'enfant légitimé. Leur droit est incontestable, mais ils avaient auparavant reconnu la légitimité de l'enfant adultérin, dans de nombreux actes passés avec lui. Pouvaient-ils, malgré cet aveu, malgré la renonciation que l'aveu implique, attaquer la légitimation? Il faut décider, sans hésiter, que toutes conventions, toutes renonciations concernant la filiation, sont nulles, comme portant sur une chose qui n'est pas dans le commerce, l'état des personnes, se rattachant par les liens les plus étroits à l'organisation de la famille, qui elle-même est l'une des bases fondamentales de la société. Donc, cet état étant hors du commerce, ne peut faire l'objet d'une transaction, d'un compromis ni d'une renonciation explicite ou implicite, soit au droit d'agir en réclamation, soit au droit d'appeler du jugement qui déboute de l'action en contestation. La jurisprudence a voulu distinguer, entre la transaction, par laquelle une personne abandonnerait un état qu'elle tient de la loi, et les actes par lesquels les héritiers ont reconnu l'état de l'enfant légitimé. En fait, la différence est grande : nous convenons volontiers que la contestation des héritiers qui, poussés par de simples intérêts pécuniaires, attaquent une légitimation, qu'ils avaient reconnue volontairement, est bien odieuse. Mais la question n'est pas là : oui ou non, la légitimité s'établit-elle par voie de convention? Une légitimation, que la loi déclare nulle dans l'intérêt des bonnes mœurs, peut-elle être validée par le consentement des parties intéressées? non, certes. Mais si l'état de l'enfant ne peut-être l'objet d'aucune convention, ni de prescription, il n'en est plus de même, bien entendu, des droits pécuniaires qui peuvent exister pour lui, comme conséquence de cet état; ces droits peuvent s'acquérir par convention et prescription.

Ainsi, quand l'enfant qui se disait d'abord fils légitime de Titius et qui s'était mis, à ce titre, en possession de la succession de celui-ci, acquiesce à la pétition d'hérédité intentée par un parent de Titius, qui prétend cet enfant étranger au défunt, cet acquiescement, nul en ce qui touche l'état de l'enfant, est parfaitement valable, en ce qui touche les biens héréditaires. Il en serait de même du silence qu'il garderait pendant trente années, à partir de l'ouverture de la succession; il y aurait là une prescription entièrement insignifiante quant à l'état de l'enfant, mais pleinement efficace quant au droit héréditaire. La Cour de cassation a conservé cette doctrine. Des enfants légitimes étaient en présence d'enfants légitimés ; ceux-ci étaient adultérins ; ils auraient donc pu être écartés de la succession de leur père ; on ne leur opposa pas le

vice de leur naissance, ni la nullité de la légitimation.
Les deux parties intéressées transigèrent sur les droits
résultant des deux communautés qui avaient été confon-
dus. Dans les actes qui constataient les conventions, les
enfants adultérins furent qualifiés d'héritiers, de même
que leurs frères et sœurs légitimes. Ceux-ci s'emparèrent
de ce mot et soutinrent que la transaction avait pour objet et effet de reconnaître la qualité d'héritier à des enfants adultérins, qu'elle portait donc sur l'état civil et que
par conséquent, elle était nulle. La Cour de Paris repoussa ces prétentions et la Cour de cassation confirma
son arrêt : il n'y avait pas, en l'espèce, de transaction
sur l'état des personnes ; ce qui le prouvait à l'évidence,
c'est qu'aucun débat ne s'était élevé sur le vice d'adultérinité, parfaitement connu des parents légitimes ; si l'on
donnait le titre d'héritiers aux enfants légitimés, c'était
pour la facilité du langage. La convention était donc
purement pécuniaire, donc parfaitement valable.

Si la transaction avait à la fois pour objet l'action en
réclamation d'état et des intérêts pécuniaires, les juges
devraient examiner si elle est ou non divisible. Totale-
ment nulle dans ce dernier cas, elle devrait dans le premier cas, être déclarée valable quant aux intérêts pécuniaires seulement.

CHAPITRE V

« Les enfants légitimés, dit Pothier, sont aussi parfaitement légitimes que les autres » (*Du contr., de mar*, n° 424) et notre article 333 répète après lui : « les enfants légitimés par le mariage subséquent, auront les mêmes droits, que s'ils étaient nés de ce mariage. » A la différence des enfants naturels reconnus, qui n'ont de droits et de devoirs que vis à vis de l'auteur même de la reconnaissance, et qui restent complètement étrangers à sa famille, les enfants légitimés entrent, eux et leurs descendants dans la famille de leurs père et mère. Ils jouissent des mêmes droits et sont soumis aux mêmes devoirs que les enfants légitimes, aussi bien en lignes directe que collatérale.

Il y a cependant une différence considérable entre eux : les enfants légitimés sont conçus et naissent illégitimes ; jusqu'au mariage de leurs parents, ils sont naturels ; ils ne deviennent légitimes qu'avec le secours de la fiction légale : tandis que les enfants légitimes proprement dits, le sont par leur conception et leur naissance pendant le mariage.

La légitimation n'étant que la conséquence du mariage. Il s'ensuit que l'effet ne peut précéder la cause, ni remonter retroactivement au jour soit de la conception, soit même de la naissance. Il est vrai que dans la doctrine du Droit Canonique, on supposait que les parents avaient eu l'intention de se marier au moment de la conception de l'enfant; mais cette fiction ne servait qu'à justifier la légitimation; la supposition ne pouvait aller jusqu'à feindre que les père et mère fussent mariés, alors qu'ils ne l'étaient pas.

Plusieurs conséquences découlent de ces principes :

1° L'enfant légitime sera bien censé l'ainé des enfants nés du mariage qui a opéré sa légitimation, mais il ne sera point, légalement, l'ainé des enfants nés d'un mariage antérieur, bien qu'il le fut naturellement. Ainsi, Primus a de Sécunda, un enfant naturel; il épouse Tertia, et en a des enfants; devenu veuf, il épouse ensuite Secunda en légitimant l'enfant qu'il a eue d'elle ; cet enfant sera le puiné de ceux de Tertia ; et s'il existait un majorat ou tout autre droit transmissible par ordre de primogéniture, il appartiendrait à ces derniers, suivant leurs droits respectifs. « En effet, dit Pothier, quoique les enfants légitimés soient venus au monde avant les autres, néanmoins il ne sont nés à la famille de leur père qu'après eux, par le second mariage que leur père a contracté avec leur mère ; ce second mariage qui les a légitimés, les fait réputer enfants de ce second mariage ; or il serait absurde que l'enfant d'un second mariage fut l'ainé de ceux du premier », (*Contr. de mar.* n° 425).

Cette solution a beaucoup perdu de son importance sous l'empire du Code civil qui a aboli les droits de primogéniture : cependant, elle est encore applicable en

matière de substitutions et de majorats, faits au profit de
l'ainé des enfants, pendant le temps pendant lequel ces
institutions peuvent subsister, conformément à la loi du
7 mai 1849.

Mais cette doctrine ne serait pas applicable dans l'hypothèse prévue par la loi du 21 mars 1832, actuellement
par la loi du 27 juillet 1872, sur le recrutement de l'armée
qui dispense du service d'activité en temps de paix l'aîné
d'orphelins, le fils aîné de femme veuve ou d'une femme
dont le mari a été déclaré absent, est aveugle ou est entré dans sa 70e année. Il n'y a pas de doute : il s'agit là de
l'aîné d'âge, c'est-à-dire de celui qui est présumé le plus
en état de soutenir la famille.

2° Les enfants légitimés n'ont aucun droit sur les successions des parents morts avant le mariage, qui a produit la
légitimation, quoiqu'ils fussent conçus, même nés, lors de
la mort de ces parents. On ne peut en effet, par une légitimation postérieure, enlever aux tiers, un droit qui leur
a été légalement acquis, puisque lors de l'ouverture de la
succession, l'enfant comme enfant naturel n'y était point
appelé.

3° Lorsque plusieurs enfants naturels ont été légitimés
par le même mariage, comme ils naissent tous simultané-
ment à la vie civile, on ne peut dire que l'un soit l'aîné
plutôt que l'autre. Les anciens jurisconsultes discutaient
cette question et Dumoulin décidait que le droit d'aînesse
devait appartenir à l'aîné d'âge.

Parmi les droits et les devoirs qui sont la conséquence
de la légitimation, et dont plusieurs résultent de la reconnaissance elle-même, lorsqu'elle est antérieure au ma-

riage des pères et mère, nous nous bornerons à citer ;

1° Les obligations qui naissent du mariage (*tit.* V chap. **V. C.** civ.) et qui sont pour les père et mère l'obligation de nourrir, d'entretenir et d'élever leurs enfants (art. 203) ; pour les enfants aussi bien que pour les parents, celle de se fournir des aliments, en cas de besoin (art. 205 et suiv.)

2° Les Droits et les devoirs qui découlent de la puissance paternelle (tit. IX. C. civ.) L'enfant demeure sous l'autorité de son père jusqu'à sa majorité ou son émancipation, et ne peut, en conséquence, quitter la maison paternelle sans permission, si ce n'est pour enrôlement volontaire après l'âge de dix-sept ans révolus (art. 374 modifié par la loi du 21 mars 1832). — L'enfant doit à tout âge pour contracter mariage, obtenir ou demander le consentement soit de ses père et mère soit de ses ascendants (148 et suiv. C. civ.). Nous supposons que le mariage de l'enfant est postérieur à la légitimation, car auparavant les père et mère étaient eux-mêmes sans droit pour manifester leur volonté, en l'absence d'une reconnaissance légale dont le retard leur est imputable, et l'enfant ne le connaissait pas. — Le père acquiert par la **légitimation** : le droit de correction (375 et suiv. du code), d'une manière complète (ce droit appartient au père naturel, mais avec certaines restrictions ; le droit d'administration légale des biens personnels de ses enfants mineurs (art. 389) et celui de jouissance légale. Ces droits bien entendus, ne commencent qu'à partir du jour de la célébration du mariage des père et mère, **en vertu du principe que la légitimation n'a pas d'effet rétroactif.**

3° Les droits successoraux établis dans le titre I du Livre III du code civil.

Ici une question se pose à nous: La reconnaissance authentique, à la suite de laquelle a été contracté le mariage qui produit la légitimation peut avoir été faite, pendant l'existence d'un mariage intermédiaire, duquel sont issus des enfants légitimes. Ainsi Paul a un enfant naturel de Prima, puis il se marie avec Secunda dont il a des enfants légitimes. Au cours de ce mariage, il reconnaît son enfant naturel. Cette reconnaissance ne peut, aux termes de l'article 337, nuire ni à l'époux ni aux enfants qui sont issus de ce mariage. Devenu veuf, Paul se marie avec Prima, et légitime ainsi l'enfant qu'il avait eu d'elle avant son premier mariage, et qu'il a reconnu pendant son second. Cet enfant aura-t-il sur la succession de l'auteur de la reconnaissance et de la légitimation, les mêmes droits que les enfants nés du mariage, durant lequel la reconnaissance est intervenue? Un Arrêt de la cour de Lyon du 17 mars 1863 (Sirez 1863. p. II. p. 205.) paraît admettre la négative: « Considérant, dit-il, qu'on objecte vainement que l'époux veuf pourrait légitimer par un mariage subséquent l'enfant qu'il avait eu avant son premier mariage, et que si de la sorte la légitimation peut sans difficulté être acquise par l'enfant, à plus forte raison, la qualité d'enfant naturel reconnu; — Considérant qu'en soi, la reconnaissance d'un enfant naturel, demeure toujours valable, quoique l'article 337 lui ôte tout effet vis-à-vis de l'autre époux et des enfants nés du mariage; que s'il est vrai que la légitimation implique toujours une reconnaissance valable, ce n'est que sous la

réserve du principe sus énoncé, que pourrait se produire
pour l'enfant naturel, le bénéfice d'une légitimation par
le convol de l'époux à un mariage postérieur; que la légitimation bornerait alors ses effets au second mariage à
l'occasion duquel elle se serait accomplie, et que la reconnaissance implicite qu'elle contient ne pourrait, vis-à-
vis des enfants nés du premier mariage, attribuer qu'une
qualité d'enfant naturel, destituée par l'article 337 de tout
effet civil ; que l'objection tirée de la légitimation est donc
sans valeur..... » Faisons d'abord observer que la question posée à la cour n'était pas celle qui nous occupe. Il
s'agissait d'une demande formée par une femme Bertin en
partage de la succession d'une femme Fusy, dont elle se
disait la fille naturelle. Elle soutenait que les dispositions
de l'article 337 cessent d'être applicables après la dissolution du mariage, et faisait valoir à l'appui de cette prétention, les motifs tirés de la légitimation que la cour
s'est appropriés pour la repousser. Or, ces motifs sont ils
exacts ? L'article 337 est applicable à la reconnaissance
seule; il ne l'est pas à la légitimation, qui fait l'objet d'un
chapitre spécial et antérieur. L'article 333 est absolu ;
l'enfant légitimé par mariage subséquent a les mêmes
droits que s'il était né de ce mariage. Or s'il était né de ce
mariage, il aurait à l'égard de ses père et mère et des
parents de ceux-ci des droits parfaitement égaux à ceux
de ses frères consanguins ou utérins issu d'une union antérieure. Il faudrait pour qu'il en fût autrement que l'article 333 contînt une disposition semblable à celle de l'article 337. On comprend que le législateur se soit, dans l'intérêt du mariage, montré beaucoup plus favorable aux

enfants légitimés, qu'il ne l'a fait un peu plus loin pour les enfants naturels. L'exception renfermée dans cet article 337 a d'ailleurs pour but, non pas seulement l'intérêt des enfants légitimes, mais surtout le maintien de la paix du ménage et de la bonne intelligence entre les époux. C'est pourquoi l'on décide généralement que les droits de l'enfant naturel ne sont pas restreints, lorsque la reconnaissance est faite postérieurement au mariage, quoiqu'il existe des enfants légitimes issus de ce mariage. Or, l'enfant naturel est dans un état inférieur, et la légitimation est un fait nouveau qui vient s'adjoindre à la reconnaissance, pour produire des effets tout différents et beaucoup plus considérables. Ce fait se réalise après la dissolution du mariage intermédiaire, en sorte que le motif sur lequel est fondé l'article 337, le maintien de la bonne intelligence entre les époux, ne saurait même plus être invoqué.

Nous avons vu, qu'en raison de la non-rétroactivité de la légitimation, l'enfant légitimé ne pouvait élever aucune prétention sur les droits et successions, qui se sont ouverts avant le mariage de ses père et mère.

En ce qui concerne les donations entre vifs ou testamentaires, l'enfant légitimé doit être compté, pour déterminer la quotité disponible. L'article 913 ne parle que des enfants légitimes, mais le législateur n'avait pas besoin de faire mention des enfants légitimés, en présence des termes absolus de l'article 333 qui assimile ces derniers aux enfants légitimes.

Aux termes de l'article 960 du Code, la révocation des donations entre-vifs s'opère de plein droit, non seulement par la survenance d'un enfant légitime du donateur, mais encore par la légitimation, à condition toutefois que l'enfant soit né depuis la donation. Cette disposition a pour but de trancher une difficulté qui s'était élevée dans l'ancien droit. La plupart des auteurs, malgré l'opinion contraire de Furgole et de Dumoulin, soutenaient que la donation était révoquée par la légitimation d'un enfant même né antérieurement à cette donation ; suivant eux, ce n'était pas la naissance du bâtard qu'il fallait considérer, mais la légitimation seule, qui engendre les affections honnêtes que la loi veut protéger. Les enfants étaient censés nés du jour de la légitimation ; ils renaissaient en quelque sorte par ce changement d'état, *jure regenerationis*. L'ordonnance de 1731 avait adopté ce système, l'article 39 était ainsi conçu : « Toutes donations entre-vifs demeureront révoquées de plein droit par la survenance d'un enfant légitime du donateur, même d'un posthume, ou par la légitimation d'un enfant naturel par mariage subséquent, et non par aucune autre sorte de légitimation. » L'époque de la naissance de l'enfant naturel qu'elle fut antérieure ou postérieure à la donation, était donc sans influence ; on ne considérait que le fait seul de la légitimation. Cependant la révocation est fondée sur ce motif que lorsque le donateur s'est dépouillé de sa propriété, il ne connaissait pas l'affection paternelle. « La loi, d'accord avec la nature, a dit le tribun Isambert, dans la séance du tribunat du 9 floréal an XI, présume que si le donateur avait cru avoir des enfants, *si cogitasset de liberis*, il n'aurait pas fait la donation. » Ce motif ne peut plus être invoqué, lorsque l'en-

15

fant existe déjà, peu importe qu'il soit naturel ou légitime. De là, la disposition de l'article 960, suivant lequel la légitimation de l'enfant naturel ne peut contrairement à l'ordonnance de 1731, opérer la révocation de la donation, que dans le cas, où la naissance de l'enfant est postérieure à cette donation. La légitimation en effet, dit Troplong (*des Donat.*, art. 960, n° 1371) augmente les droits de l'enfant, mais n'augmente pas la tendresse du père. L'expérience prouve tous les jours que la nature a des droits essentiels qui ne dépendent pas de tel ou tel fait civil. On voit des pères aimer plus ardemment les enfants naturels, les enfants de l'amour que les enfants légitimes.

Enfin, les règles sur les partages faits par les ascendants sont applicables à l'enfant légitimé, et notamment l'article 1078, d'après lequel le partage, qui n'est pas fait entre tous les enfants qui existeront à l'époque du décès, et les descendants de ceux prédécédés sera nul pour le tout. La légitimation, postérieure au partage, doit donc le faire annuler, lorsque l'enfant légitimé ne s'y trouve pas compris.

APPENDICE

DROIT COMPARÉ

La loi anglaise, nous avons déjà eu l'occasion de le dire, n'admet pas la légitimation par mariage subséquent; De plus ce n'est qu'exceptionnellement, et quand le mariage est célébré fort peu de temps, après la conception, que l'enfant conçu en dehors du mariage sera considéré comme légitime; qu'un tel d'où il résulte enfant dont les parents se marient avant sa naissance non-seulement n'est point, comme en droit français, considéré comme légitime, mais qu'il n'est même pas légitimé par leur mariage sauf exception.

Par contre, les anglais ont conservé un mode de légitimation, qui se rapproche de la légitimation par lettres du prince, admise dans notre ancien droit : c'est la légitimatioe par acte du parlement.

Le bâtard n'est considéré comme le fils de personne ; on l'appelle « *filius nullius, filius populi.* » Cependant il ne peut se marier sans obtenir le consentement de son père présumé, ou de son tuteur ou de sa mère. Le bâtard peut acquérir, mais il n'hérite pas. Il n'a point de nom par héritage : il peut seulement en gagner un par sa conduite. Son premier domicile est dans la paroisse où il est né. Il ne peut hériter de personne, ni avoir d'autres héri-

tiers que ses propres enfants. C'est la mère de l'enfant
qui en a la garde de préférence au père.

La seule obligation des parents, envers leurs enfants
naturels, consiste dans leur entretien. Quand une femme
est accouchée ou qu'elle se déclare enceinte d'un bâtard,
et que, sous la loi du serment devant le juge de paix,
elle en nomme le père, celui-ci doit fournir caution, ou
de faire nourir l'enfant, ou de comparaître aux premières
« *quarter sessions* » pour y débattre le fait et y être jugé, sinon
il peut être arrêté et emprisonné. La cour des sessions, ou
deux juges, hors de session, règlent l'entretien de l'enfant, en chargeant la mère, ou le père présumé, du paiement d'une somme ou de quelque autre moyen de subsis-
tance. La mère peut, un mois après son accouchement, déclarer le nom du père.

Bien que la légitimation par mariage subséquent ne
soit pas admise en Angleterre, néanmoins par une indul-
gence particulière de la loi, lorsqu'un homme ayant un
enfant naturel en épouse la mère, et a d'elle un enfant
légitime, ce fils, dans le langage légal ; est « mulier puiné » l'aîné s'appelle « bâtard eigné. » Si le père meurt
et que le bâtard eigné jouisse de la terre jusqu'à sa mort,
en sorte que l'héritage passe à ses enfants par succession,
le droit du mulier puiné et de tous autres héritiers, est
annulé.

La législation Prussienne est de beaucoup la plus large
au point de vue des droits des enfants naturels. Elle admet la légitimation 1° par jugement quand il y a eu pro-
messe de mariage, 2° par mariage subséquent, 3° par

déclaration du père devant le juge, lorsqu'il y a pro-
messe de mariage, sans même célébration postérieure :
le jugement tiendra lieu de célébration, 4° par ordonnance royale rendue sur la demande du père. (Il faut
l'assentiment de la famille paternelle), 5° par les cours
supérieures, quand il s'agit de légitimation « *ad delen-
dam*, » c'est-à-dire tendant à effacer la qualité de bâtard;
le code Prussien permet ou tout au moins ne défend pas
de reconnaître les enfants adultérins ou incestueux. Enfin, il autorise la recherche soit de la paternité, soit de la
maternité.

D'après le code bavarois, les enfants nés hors mariage
peuvent être légitimés par le mariage subséquent de leurs
père et mère, mais il n'en est pas de même de leurs descendants. Hors le cas de mariage subséquent, la légitimation peut également avoir lieu en vertu d'une ordonnance royale, sur la demande du père ou sur celle de
l'enfant, mais dans ce dernier cas, l'enfant n'a sur les
biens du père que les droits de l'enfant illégitime.

Dans la législation hollandaise, la légitimation s'opère
de plein droit par le mariage subséquent des parents, si
les enfants ont été reconnus antérieurement au mariage
ou tout au moins dans l'acte de célébration ; sinon, elle
peut avoir lieu postérieurement en vertu d'une autorisation royale. De même, dans le cas où le mariage n'a été
empêché que par la mort d'un des parents. Mais dans ce
cas, la légitimation n'a d'effet que du jour des lettres
royales ; elle ne peut préjudicier aux droits successifs

des tiers et ne donne au légitimé de droits sur la succession de son auteur qu'autant que ces tiers ont consenti à la légitimation. Peuvent jouir du bénéfice de la légitimation, même les enfants nés de personnes entre lesquelles le mariage ne pouvait avoir lieu sans dispense. La reconnaissance faite sans le consentement de la mère n'a aucun effet du vivant de celle-ci; elle ne peut être faite avant l'âge de dix-neuf ans par un mineur; mais le minimum d'âge n'existe pas pour les filles.

D'après le code autrichien, la recherche de la paternité est librement admise. Celui qui a cohabité avec une femme et qui a eu un enfant naturel est présumé en être le père, quand l'enfant est né dans les termes que la loi assigne à la gestation. L'enfant naturel porte le nom de la mère; le père lui doit des aliments et un tuteur qui est chargé de le protéger, et de surveiller la conduite du père, quand c'est celui-ci qui l'élève. L'inscription sur les registres de naissance, du nom du père, ne fait preuve de son consentement et de sa paternité, que sur sa déclaration affirmée par le curé et le parrain. Les enfants naturels peuvent être légitimés par mariage subséquent; mais ils ne prennent rang dans les familles que du jour de la légitimation, et si les parents, veulent les faire jouir des privilèges de leur rang, et de la partie des biens dont ils peuvent disposer, ils doivent obtenir l'autorisation préalable du souverain (loi du 9 août 1854).

La législation des deux Siciles différait seulement de notre législation sur trois points: 1° Elle admettait la légitimation de pure grâce par décret royal, avec cette restriction toutefois que cette légitimation ne peut nuire aux enfants légitimes, ni aux autres parents, pour ce qui regarde la succession ; 2° Elle prohibait la reconnaissance des enfants naturels, nés de personnes engagées dans les ordres sacrés, ou liées par un vœu solennel. 3° Elle admettait enfin l'enfant à prouver sa filiation matérielle, par témoins, non seulement (comme notre code) lorsqu'il existe un commencement de preuve par écrit, mais aussi lorsque les présomptions et indications résultant de faits constatés, sont assez graves pour faire admettre cette preuve.

D'après le Code italien, une reconnaissance même postérieure au mariage suffit pour légitimer un enfant naturel. (C. Ital. art. 191). Mais dans ce cas la légitimation ne produit d'effets que du jour de la reconnaissance. La légitimation par rescrit du prince est admise: l'Italien peut être légitimé ainsi, par acte du gouvernement, même s'il est domicilié ou résidant en France.

Nous voyons que la plupart des législateurs étrangers ont conservé la légitimation par rescrit du prince. Mais il faut remarquer qu'elle ne crée pas, à vrai dire une famille : elle fait naître simplement entre les deux personnes, des rapports spéciaux et déterminés par chaque loi. Les législations russe et hollandaise y voient une sorte de faveur : pour les Italiens au contraire, c'est un droit appartenant à tout sujet italien qui remplit certaines conditions.

Quand le père et le fils n'ont pas la même nationalité, la légitimation par rescrit n'est possible que si les lois de leur pays réciproque en admettent le principe, de même on ne fera produire à la légitimation que les effets qui sont reconnus à la fois et par la loi du père et par la loi du fils. Ainsi, en Italie la légitimation par rescrit produit les mêmes effets, que la légitimation par mariage subséquent. En Espagne, elle ne donne à l'enfant de droits de succession qu'à défaut d'enfants légitimes ou légitimés par mariage subséquent. Si le père est Italien et le fils Espagnol, ou réciproquement, Il faudra donc décider que le fils pourra être légitimé par rescrit, mais qu'il ne pourra exercer les droits de succession qu'à défaut d'enfants légitimes, ou même légitimés par mariage subséquent. (*Journal de Droit international privé*, 1886).

La diversité de législation qui existe entre la France et l'Angleterre surtout, au point de vue de la légitimation des enfants naturels, a donné lieu à des questions de droit international privé.

Des français se marient en Angleterre, leur mariage légitimera-t-il les enfants qu'ils ont eu soit en France, soit en Angleterre. Oui, d'après la loi française qui est la loi nationale des contractants; non d'après la loi du pays où ils ont contracté mariage. Laquelle doit s'appliquer ? la loi française, car la loi qui régit la légitimation appartient au statut personnel, et les français sont régis par leur statut persone', même quand ils contractent en pays étranger. On pourrait objecter qu'il y a un intérêt de moralité publique en cause, intérêt qui est diversement apprécié par les deux pays, mais il ne s'agit pas ici d'une institution ou l'ordre public soit l'élément dominant. Si l'on invoque les bonnes mœurs, c'est plutôt pour justifier la différence des législations que pour approuver ou réprouver la légitimation. Le statut personnel doit donc ici recevoir son application. Donc un anglais qui épouserait une anglaise en France, ne légitimerait pas, par le fait de ce mariage, les enfants qu'il aurait eus d'elle.

La question se complique quand les futurs époux appartiennent à des nations différentes. Une Anglaise épouse un Français, soit en France, soit en Angleterre. Aux yeux de la loi française, ce mariage opérera la légitimation de leurs enfants. Car la femme est devenue française par son mariage, ce qui lui rend applicable le statut personnel français. Aux yeux de la loi anglaise, il il en serait autrement, car on sait que d'après la loi anglaise la femme qui épouse un étranger ne perd pas sa nationalité. Une française épouse un Anglais, soit en France, soit en Angleterre. Elle perd ainsi sa nationalité aux yeux de la loi française, et devient anglaise. Il faudra donc pour résoudre la question de savoir si le mariage produit la légitimation des enfants naturels, s'en référer à la loi anglaise, qui forme le statut personnel des deux époux. La jurisprudence de la cour de cassation est en sens contraire. Mais les raisons qu'elle invoque prennent trop ou ne prennent rien. Si on les admettait, il faudrait en arriver à sacrifier dans tous les cas le statut personnel à la loi française.

De même que les Français sont régis par leur statut

personnel, même quand ils contractent en pays étranger, de même le statut personnel de l'étranger le suit en France et y régit son état et sa capacité. Ce principe admis déjà dans l'ancien droit, n'est formulé dans aucun texte de loi, mais on le fait résulter de la disposition finale de l'article 3 du code civil. Donc l'étranger qui a préalablement fait fixer son état dans son pays, et qui se borne à réclamer en France les effets de la légitimation ou de la reconnaissance, quand elles résultent d'actes publics ou de décisions judiciaires qui émanent de l'autorité étrangère compétente, verra certainement sa prétention admise par les tribunaux.

Prenons un exemple : d'après le code autrichien, la recherche de la paternité est admise. Celui qui a cohabité avec la mère d'un enfant naturel, est présumé en être le père quand l'enfant est né dans les termes que le code assigne à la grossesse. Le jugement de déclaration de paternité qui aura été rendu par les tribunaux autrichiens contre le père naturel, devra recevoir en France son exécution, après avoir toutefois été déclaré exécutoire, conformément à l'article 346 du code de procédure civile. Il pourra servir de base à une demande de pension alimentaire introduite devant les tribunaux Français, quoique la recherche de la paternité soit interdite en France. Il est en effet impossible que l'état des personnes suive les variations des pays habités par elles, et que l'enfant légitime ou naturel reconnu d'après les lois de son pays cesse de l'être en pays étranger.

Néanmoins cette règle recevrait exception dans le cas où la reconnaissance résultant de l'acte public, ou de la

décision judiciaire émanée de l'autorité étrangère, porterait atteinte à un principe fondamental de l'ordre public
en France. Ainsi le Code prussien qui autorise la recherche, soit de la paternité, soit de la maternité, permet, ou
du moins ne défend pas de reconnaître les enfants adultérins ou incestueux. S'il était prouvé que l'enfant en
faveur duquel on invoque l'acte public ou la décision
judiciaire de déclaration de paternité a le caractère incestueux ou adultérin, cet acte et cette décision, valables
en Prusse, devraient être repoussés par les Tribunaux
français et demeurer en France sans aucun effet, parce
que la loi française, tout en admettant dans certains cas
la recherche de la paternité, interdit la reconnaissance
des enfants adultérins ou incestueux.

Un conflit d'un autre genre pourra encore se produire
entre la loi Française et une loi étrangère au sujet des
formes de la légitimation. Il devrait être tranché par
l'application de la règle « *locus regit actum,* » ainsi des
Français ayant des enfants naturels se marient à l'étranger ; nous avons vu que la légitimation sera régie, quant
à son principe et quant aux conditions de fond, par la loi
française ; car les conditions de fond appartiennent au
statut personnel : mais en ce qui concerne les conditions
de forme, la légitimation sera régie par la loi étrangère.

La difficulté est de savoir quelles sont les conditions de
fond et quelles sont les conditions de forme de la légitimation. Les conditions de fond, sont 1° la reconnaissance
préalable ou au plus tard concomitante au mariage 2° la
célébration du mariage. Le reste semble appartenir à la
forme. Il en est ainsi du mode de célébration du mariage

et du mode de constatation de la reconnaissance. Même
au point de vue de la légitimation, le mariage pourrait
donc être valablement célébré et la reconnaissance valablement constatée dans la forme prescrite par la loi du
pays ; d'où il résulte logiquement que la filiation des
enfants serait suffisamment constatée par une possession
constante antérieure au mariage, si la loi du pays où le
mariage est contracté, admet la possession d'état, comme
mode de preuve de la filiation des enfants naturels : la
filiation serait alors établie antérieurement au mariage
suivant les formes prescrites par la loi du pays. Mais il
paraît difficile d'admettre, comme l'a cependant fait la
cour de Besançon (25 juillet 1876 Sir. 79, 2, 249) que la
légitimation puisse se produire au profit d'enfants dont
la filiation n'était aucunement établie lors du mariage,
pas même par la possession d'état, et qui acquièrent cette
possession pendant le mariage ; cela, sous prétexte que
le pays où le mariage a été contracté (la Californie) con-
sacre la légitimation dans ces conditions. Le mode de
constatation de la reconnaissance des enfants naturels,
et par suite de leur filiation, est bien une condition de
forme ; mais l'époque où la filiation doit être constatée,
paraît être une condition de fond, qui à ce titre doit être
régie par la loi française.

POSITIONS

DROIT ROMAIN

POSITIONS PRISES DANS LA THÈSE

I. — La Présomption « *pater is quem nuptiæ demons-trant* » ne s'applique pas au concubinat.

II. — Le latin Junien qui parvenait à la cité Romaine par la *causæ probatio*, acquérait du même coup la *patria potestas* sur son enfant.

III. — Dans le système des Institutes (Liv. II, tit. 12). Le *pater familias* recueille non « *jure peculii* », mais « *jure hereditario* » le pécule *castrense*. comme le pécule *quasi-castrense*, de son fils décédé *ab intestat*.

IV. — Dans le système de la novelle CXV, la mention expresse des justes causes d'exhérédation des descendants n'est pas prescrite à peine de nullité : son omission donne lieu seulement à la « *querela inofficiosi testamenti* ».

POSITIONS PRISES EN DEHORS DE LA THÈSE

I. — Quand, dans une stipulation, l'Interrogation et la réponse ne diffèrent que par le chiffre de la somme

exprimée, cela ne suffit pas pour établir le défaut de consentement et rendre la stipulation
inutile.

II. — A Rome la tutelle rentrait dans le *jus civile*, c'est-
à-dire ne pouvait être confiée qu'à un tuteur
Romain et établie sur un impubère romain.

III. — Le seul consentement des parties ne suffit pas pour
la perfection des *justæ nuptiæ*. Il faut tout
au moins que la cohabitation physique soit possible au moment du mariage.

IV. — L'hypothèque romaine n'a pas son origine dans le
Droit Grec.

DROIT FRANÇAIS

POSITIONS PRISES DANS LA THÈSE

I. — L'officier de l'état civil, appelé à dresser l'acte de
naissance d'un enfant naturel, ne peut exiger du
déclarant, le nom de la mère.

II. — L'enfant naturel, que son père a reconnu, dans son
acte de naissance, en indiquant le nom de la
mère, est légitimé par le mariage subséquent
de ses parents, bien que le mariage n'ait pas été
précédé d'une reconnaissance authentique de la
mère.

III. — Le mariage putatif légitime les enfants naturels simples.

IV. — L'enfant né avant le 180ᵉ jour du mariage doit être considéré comme un enfant simplement légitime.

POSITIONS PRISES HORS DE LA THÈSE

I. — Lorsque l'enfant a été reconnu par ses deux auteurs ce n'est pas exclusivement au père qu'appartient la puissance et les droits qui en découlent. Ils peuvent appartenir également à la mère. C'est aux tribunaux à décider.

II. — La déchéance attachée par la loi au second mariage de la mère, c'est-à-dire la fin de la jouissance légale est encourue, même quand ce second maage est nul.

éritier réservataire, donataire en avancement hoirie, qui renonce à la succession pour se ustraire au rapport, ne peut retenir son don ı son legs, que dans les limites de la quotité disponible, et c'est sur cette quotité, que doit être imputée la libéralité qui lui a été faite.

IV — Le bail ne confère au preneur qu'un droit purement personnel.

ANCIEN DROIT FRANÇAIS

I. — Généralement, la bâtardise n'entraînait pas le servage.

6

II. — La maxime de Loysel « en pays coutumier, puissance paternelle n'a lieu » n'excluait pas toute idée de pouvoir paternel.

DROIT DES GENS

L'extradé ne peut être jugé pour un délit autre que celui pour lequel a été accordée l'extradition.

DROIT COMMERCIAL INDUSTRIEL

I. — Le droit du breveté sur ce qui constitue l'objet de son brevet, du fabricant sur son modèle déposé, de l'auteur sur son œuvre, constitue un véritable droit de propriété.

II. — Quand un tribunal correctionnel a renvoyé un prévenu des fins d'une plainte en contrefaçon en se fondant sur la nullité du brevet, il n'y a point chose jugée, entre les parties, sur la nullité du brevet, mais seulement sur le fait délictueux soumis à la juridiction correctionnelle.

Vu par le Président de la thèse,
Ch. LEFEBVRE

Vu par le Doyen,
E. COLMET DE SANTERRE

Vu et permis d'imprimer,
Le Vice-Recteur de l'Académie de Paris,
GRÉARD

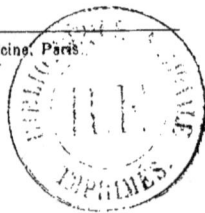

Imprimerie des Écoles Henri JOUVE, 23, Rue Racine, Paris.

Imp. des Ecoles, HENRI JOUVE, 23, rue Racine, PARIS.

www.ingramcontent.com/pod-product-compliance
Lightning Source LLC
Chambersburg PA
CBHW071639200326
41519CB00012BA/2349